日之元の御神体

－天鳥船－

Tenshyo　　画

2012
Ascension Star Gate
アセンション・スターゲイト

アセンション・ファシリテーター・Ａｉ画

―御神歌―

八十鈴　鳴る
大八洲　八十鈴　鳴りなりて
龍　と　鳳凰　ひとつなる
　　根源神界
　　天照皇太神
　　黄金龍神

＊解説（Ａｉ）
いま、日の本の一なる根源が動き出しています。

日の本の一なる根源は天照皇太神（根源太陽）です。

上にあるがごとく下にも。

内にあるがごとく外にも。

古来より、日の本のすべての光のネットワークは、根源太陽をあらわす天照皇太神を中心としたレイラインであり、そのエネルギーのネットワークです。

そのレイラインとエネルギー・ネットワークが、今、本格的に始動しはじめました！！！

それは、日の本の大八洲《おおやしま》のすべてに張り巡らされています。

そして、その唯一最大のポータル（門）となるのは、神と人が一体となった神人《しんじん》の、一人一人の『御魂《みたま》』です。


それらが一体となって、共鳴しあい、響くさまは、八十《やそ》鈴が鳴るようであると言えるでしょう！

一なる至高の根源である皇神《すめかみ》、皇御親《すめみおや》の中心から流入する、その根源の光とエネルギー。

それと共鳴する大八洲すべてのレイラインと御魂。

それらが真に発動する時、日本のすべてのピラミッドが起動します！

それらは黄金に輝き、そして、根源のフォトンを生み出します。

その時、日本という黄金龍体は、地球を導く天鳥船《アマノトリフネ》となるでしょう！

※註　『八十《やそ》』について
日本では、八、そして八十《やそ》、八百《やお》などは、数が多いことを表したり、「無限大」（∞）を意味したりする。

（八十島《やそしま》、八十神《やそがみ》、八十日《やそかび》など）

古代から日本古来の言葉である「やまとことば」では、後ろに「島」「神」「日」など、やまとことばの助数詞が続く場合などに用いられる。

神　年（一）

神年　光の如く
日月地《ひつく》　満ち満ちて
神代　来たらん

天照皇太神

＊口語訳
人（日戸）が初めて誕生した日が、まるで昨日のことのようである。
今、宇宙のすべてに一なる根源の光（フォトン）が満ち満ちて
神代《かみよ》が始まる！！！

※この御神歌は、霧島を訪れた時に受け取ったものです。

上にあるが如く　下にも

内にあるが如く　外にも

アトランティスのアセンディッド・マスター

ヘルメス・トリスメギストス

道は

愛に始まり

愛に終わる

スピリチュアル・ハイラーキー（宇宙聖白色同朋団）

天の岩戸開き

アセンション・スターゲイト

Ascension Star Gate

アセンション・ファシリテーター

Ai（アイ）

明窓出版

◎天の岩戸開き　アセンション・スターゲイト　目次◎

御神歌　八十鈴　鳴る

神　年（一）

第二章　「スーパーアセンション入門」――ファースト・コンタクト

第一章　『天の岩戸開き』

── アセンション・スターゲイト ──

スーパー・アセンションへのご招待！　――アセンションスターゲイト

皆さん！　アセンション（次元上昇）の進行状況はいかがでしょうか?!

我々は今回、皆さんとこうしてお話をすることができ、皆さんと共に、皆さん自身と、この地球と、そしてこの宇宙の「最終」「最大」のアセンションに関われることを、心から感謝しています！

今回のこの出版という機会の第一弾にあたっては、地球と宇宙の神界を代表する方々に、多大なるご支援をいただきました。心から御礼を申し上げます。

まずは「我々」とは何者か、と疑問を持たれる方も多いと思いますが、本書を読み進めていくに従って、次第に明らかになっていくでしょう！　それは、とても重要なことであると同時に、それほど重要なことではないとも言えます。なぜなら「我々」とは、我々のポータルである地上のアセンション・ファシリテーターが述べているように、あなた方自身の「ハイアーセルフ」の延長である、と言えるからです。

重要なのは、あなた方自身のアセンションであり、地球、太陽系、銀河、宇宙全体のアセンションなのです。

重要なのは、その「中身」です。

今回、こうした内容をお伝えできることは、最大の喜びです。内容は、様々な意味で、満を持してのものとなっています。ほとんどは、宇宙史、地球史始まって以来、初めて地上に伝えられるものです！

さて、アセンションに関して、様々な分野から本当に様々な情報が伝えられていますが、地球全体、そしてこの太陽系、銀河、宇宙が、今、真にはどのような状況にあるのか。そして、どれほど重要な時期にあるのかということについて、皆さんは理解しているでしょうか?

おそらく実際には、皆さんが考え、想像しているレベルをはるかに超えたものになるでしょう!

「事実は小説よりも奇なり」と言いますが、真の「アセンション」にまさに当てはまります! アセンションとは、SFを大きく超えた、アメージング、アンビリバボーであり、それを肌で実感し始めたら、真にアセンションの過程に入ってきたとも言えるでしょう! (高次のソースもよく言っていますが、優れた重要なSFのインスピレーションの源の多くは、我々なのです!)

我々、つまり、「皆さんの究極のハイアーセルフ」と、この地球、太陽系、銀河、宇宙のアセンションは、実はものすごく、極まったレベルにまで進んでいるのです! 実はあまりに進みすぎて(?!)、時期がこれ以上遅くなると、我々の地上セルフ(地上の分身)である皆さんに、(三次元で)ご報告する機会が無くなるという意味もあって、ここの宇宙(現在、アセンションした新宇宙が存在していますので、あえて「ここの(旧)宇宙」と表現します)と地球神界の強力な依頼と協力により、今回のプロジェクトとなったわけです。

さて、皆さんが今住んでいるここの宇宙の神界、高次のレベルにおけるアセンションは、すでに完了しています。

そのスタートは、正確に言うと、新ミレニアム(一千年紀)の始まりである地球西暦二〇〇一年一月一日零時零分であり、その時が宇宙の最終アセンションの始まりとなりました。そして、地球アセンション号の推進エンジンも点火されたのです。高次のマスター方は、本来、この二〇〇一年までに地球アセンションを一定のレベルまでにしたいと考えていました。ゆえに、八十年代後半から、宇宙連合の特別チームにより、地球（地上）は三次元密度から四次元密度への移行を始めたのです。

しかし、地上では湾岸戦争などの形として現れたアセンションを妨害する様々な動きによって、延期せざるをえませんでした。ですから、各界からアナウンスされていますように、この二〇〇一年から二〇一二年までが、最終・最大のアセンションのポータルが開く時期であり、その意味では後がないと言えます。（あと二年しかありません！）

さて皆さん！　いったい、アセンションとは何でしょうか？　どのようなものなのでしょうか？　詳細については、だんだんと明らかにしていきますが、アセンションとは、もちろん、地球だけの話ではないのです。地球は宇宙の「雛形《ひながた》」であると言われていますが、アセンションとは、宇宙規模であり、宇宙全体なのです。宇宙がアセンションするから、地球もするのです。それが「上にあるがごとく、下にも」であり、その逆ではないのです。

古今東西の様々な情報でも、現在、地球はその創始から観て最終ステージである「第七周期」に入っていると言われています。そして、地球が宇宙の雛形であるなら、宇宙も同様に、最終ステージであると言えるのです。皆さんという存在一人一人の「宇宙史」と、その「進化史」（アセンション）としても同様です。

これはとても重要なことなので、よく覚えておいてください！

そして、真の「神智学」（Theosophy）を学んでいる方はご存じかと思いますが、様々な意味において、「人」（霊止）（日戸）は究極の宇宙の「雛形」です。（実は「人」こそが重要で、すべての鍵なのです）一人一人の『魂』は、根源の神の全き分身、分御魂《わけみたま》です。「神智学」を観ると分かるように、人は進化するとマスターや大天使となっていき、やがて惑星神そのものへと至ります。同様に、惑星は太陽に、太陽は銀河に、銀河は宇宙にと進化していくのです。人の進化とは、極まれば真の宇宙そのもの、宇宙創造主へと至るための、悠久の道のりなのです。

では、宇宙そのものはどのような進化を遂げていくのでしょうか？

ある一定のレベルから上は、どのような存在も常に、『一なる至高の根源』……始まりも終りもない、あらゆるすべての生命の本源、愛と光の根源とつながっています。それは「大いなるすべて」とか、ワンネスとも呼ばれます。

真のアセンションとは、常にそれらの大いなるすべてとつながり、コ・クリエーション（協働創造）をしていくものとなります。

そして宇宙そのものも、さらなる超宇宙（スーパー・コスモス）へと進化していくのです。

二〇〇一年零時零分に、二〇一二年へ向けて、ここの宇宙史・宇宙期における最終・統合のアセンションがスタートし、宇宙連合により、地球アセンション号のエンジンが点火されました。その当初は順調に進んでいるように観えましたが、やはりそう簡単にはいきません。（そう簡単にいくのなら、地球と人類は、とっくの昔にアセンションしていると言えますよね！）やはりシリウス領域にあるアセンション妨害の残党勢力の動き等が起こりました。それは通常ならそれほどの問題にはならないのですが、地球と宇宙が直面している特別な事情により、とても難しい問題となりました。

宇宙は、それ自体が壮大なひとつの生命です。あらゆるものが有機的に、そしてとても繊細につながっているのです。しかも、宇宙全体が連動してアセンションをしようとしている重要な時期です。ほんの少しでも、宇宙の時空連続体のどこかに歪みやほころびができると、全体が崩壊する危険があるのです。これは、いついかなる場合でも同様です。

これまで、大変重要で、繊細で、危険な時期が続きました。宇宙の各領域、銀河、太陽系、そして地球のアセンションを、宇宙全体のアセンションに合わせて、所定のレベルやスケジュールに保つこと、そして地球の防衛。宇宙連合の地上チームはよく知っていますが、ここしばらくが、地球の地軸が最も危険な時期でした。宇宙レベルのことなので、宇宙レベルの対応が必要だったのです。しかも緊急であったため、その対策に動き、対応できたのは、宇宙レベルのマスター方と宇宙連合のみでした。

そして、二〇〇一年五月五日、特別な宇宙ウエサクの日（＊ウエサクの日とは、天界と地上の間に通路が開け、ひときわ強いエネルギーがふりそそがれるという五月の満月の日）だったのですが、これは宇宙史において、最も記念すべき日です。この日に、いよいよここの宇宙の最終アセンション・ゲイトが初めて開き、宇宙の高次元が、新マクロ宇宙へとアセンションしていきました！

そして、新たな超宇宙、ニュー・マクロ・コスモス（ＮＭＣ）が誕生したのです。この新マクロ宇宙は、三十六から三百六十万くらいのアセンションした宇宙の高次が統合されて、創られています。

いくつかの情報で述べられているように、皆さんが住んでいるこの旧宇宙の最高評議会は、かつて、アンドロメダ銀河の奥の院にありました。それが、「アインソフ評議会」と呼ばれるものです。

ゆえに、ここの宇宙で最も進化した領域は、アンドロメダ銀河と、その奥の院のアインソフ領域である、と言えます。（アンドロメダの中心は十二次元の領域で、アインソフの中心は十三次元の領域です）

つまり新マクロ宇宙「ＮＭＣ」はアセンションした宇宙であり、アインソフ領域を母体として創造されたのです。

しかし、皆さん！　あらゆるすべて、または宇宙の真の『中心』とは何でしょうか？　それは、『神界』であると言えます。

そして、これから述べることが日本と日本人にとって最も重要なのですが、その新マクロ宇宙（ＮＭＣ）が創造される時、天界全体からの強い要請により、中心の核は、日本神界で天照、天照皇太神界と呼ばれるエネルギーとなりました。それは、一なる至高の根源の光、根源の太陽そのものです。（＊究極の神とは宇宙の働きそのものですから、人格神的な考え方はしないでください）

ただし、今回の宇宙最終アセンションに関しては、神（宇宙）と人が一体となり、地上セルフ（地上にいる皆さんです！）が、そのポータルとなっていくということが、最も重要であり、奥義となっていくと言えます。

これが今後、最も重要なこととなっていきますので、皆さん、ぜひ心にとどめ、意識してください。

さて、アセンションした新マクロ宇宙、「ＮＭＣ」の中心は、前述のように、一なる至高の根源につながる（日本）神界の中心です。そしてその周囲には、カバラで言う「アイン」（一なる根源）の周囲に輝く光輝、「アインソフ」のように、三十六次元レベルの神界領域が広がっています。それは、新宇宙弥勒神界、または蓮の花の花弁のように観えることから、ロータス神界等と呼ばれており、各宇宙からアセンションした、様々な神界の高次によって成り立っています。

「ＮＭＣ」の誕生によって、一なる至高の根源からのフォトン・エネルギーが、直接、ここの宇宙と地球に送られるようになりました！　それにより、ようやく地球の地軸や様々なバランスも、ほぼ安定してきたのです。言い換えればその誕生が、それを行うことができる唯一最大の方法でもありました。

その後も、様々な事象がありましたが、中でももうひとつの記念すべき出来事は、二〇〇四年の大規模な「ウエサク祭・ｉｎジャパン」における、実質的な『日本神界開き』の神事とセレモニーでした！　それから、神界と、地球全体の二十四時間のウエサク（地球アセンション）が活性化していったのです。

そして、最も驚くべき出来事は、つい最近の事象です。その出来事も、本書の主な内容も、これまでは高次のマスター方、他ごく少数（根源神のプロジェクトのメンバー）しか知らなかったことです。

ここの宇宙が最終アセンションに近づいたのなら、その一大宇宙史も終わりに近づいている、ということです。そして事象には、終わりがあれば始まりもある、終わりはさらなる高次の新たな始まりであるということなのです。これらについても、特に二〇〇一年から、アセンション・ライトワーカーのコアメンバーは理解していました。

我々スピリチュアル・ハイラーキー（宇宙の進化・アセンションを司る高次のネットワーク）は、特にこの年から、アセンションに関する本格的なサポートと、アセンション・リーダー、アセンション・ティーチャーの養成の拡大を行ってほしいと、地球ハイラーキー及びすべての光のネットワークに依頼してきました。

しかし、今回の宇宙最終アセンションはとても特殊であり、宇宙規模ですので、それにふさわしい対応が必要となり、それがないと真にはサポートと推進を行うことができません。

それを行うことができる地上のメンバーは、現在はまだ極めて少数であり、そのメンバーも、前述のような宇宙規模の調整がメインのミッションであるため、なかなか手が回らない状況でした。

それでも、少しずつアセンションを体験し、共に創造していく地上のメンバーが増えていきました。

そして最近、今回の最終・最大のアセンションのスタートとなる、国、地球、宇宙規模の神事とセレモニーが行われ、その、驚くべき出来事が起こったのです。
なんと、ついに、ここの旧宇宙領域と新アセンション領域を隔てる宇宙卵の殻とも呼べる壁が、無数の黄金の光の粒となって消え去ったのです！（これは、地球と八十八星座のエネルギーが、すべてつながった結果です）そこで、現在、無限の領域へのアセンションが可能となっています。そしてこれは同時に、「旧宇宙紀の終了」を表しているのです。

皆さんは、あらゆるすべてが「ホログラム」である、ということをご存知でしょうか？　あらゆるすべての源が光であり、光子（フォトン）であるならば、それはまさしく事実であると言えます。

一見、物理次元の肉眼ではどのように見えようとも、エネルギーの世界や皆さんのハイアーセルフのレベルでは、驚くような事象となっているのです！

これらについて、常に皆さんという存在の「トップ＆コア」である意識の中心、愛と光の中心である「魂」や「スピリット」、また「ハイアーセルフ」は、実は「知っている」ということを、皆さんの多くは、奥深い所で感じていることでしょう！

さて、新アセンション宇宙「NMC」と、ここの旧宇宙の境界線、ボーダーラインは、十二次元となっています。

ですから、旧宇宙の最終アセンション・ゲイトは、セントラルサンでもある十二次元のロード・キリスト・サナンダが象徴するゲイトとなっているのです。（そのゲイトは、ある宇宙マスターが守護しています）

今回のアセンションで目指すべき目的地（及び重要な暗号の一つ）は「アインソフ」であり、十二次元以上のアセンション＝新アセンション宇宙「NMC」を目指すという、とても高度なものとなっているのです！

それがすなわち、真のアセンションであり、自己の最も高次のハイアーセルフと統合されるということであり、「宇宙創始からこれまでのアセンションのすべての集大成、統合、完成」である、ということなのです！　一なる至高の根源。大いなるすべて。ワンネス……。どのような表現で呼ぼうとも、それは皆さん自身が宇宙の創始の時に出発した本源であり、故郷です。そして、宇宙史すべての成果を携えて、大きく成長してからのそこへの帰還が、今、待ち望まれています！

以上、この冒頭のご挨拶では、この驚くべき宇宙史と、新宇宙アセンション史の始まりについて述べてきました。

それはもう、始まっているのです！　『夜明け』はすでに、始まっています！！！

そして重要なことは、意識を暗闇のままにしていたり、記憶喪失でいられる時間は、もうわずかしか残されていないということです。三次元どっぷりの意識でいられる時間、真の自己が眠り、まどろんでいられる時間は、あとわずかなのです。

目覚める時が来たのです！

そしてそれは、様々な意味で最終なのです。終わりの終わり。そして真に偉大な、新たなるステージの始まり！

今回の我々のミッションは、とても高度で重要です。なぜならそれは、膨大で重要な宇宙の動きを『初めて』地上の皆さんに発表することであり、そして最も重要なことは、これが、真の意味での『天岩戸開き』となるからです！　すべての意味において！　真の宇宙の『アセンション・ゲイト』開きとして！

それはイコール、皆さん一人一人の、意識の「スターゲイト」開きとなるのです。

この本のすべての箇所に、『アセンションへの変容のエネルギー』『DNAの変容のエネルギー』を入れていきます！　心の準備ができた方は、全員、受け取ることができるでしょう。その効果は、ほとんどの場合、二、三日以内に出ることが多いようです。

今回の我々と皆さんのトップ&コアのミッションと現在の宇宙の最も重要な出来事・事象は、真の『天岩戸開き』であると言えます。様々な事柄が、連動しています。

そして、我々スピリチュアル・ハイラーキーも、今、ここに宣言を行います。

この度の、『二〇一二（最終）アセンション・プロジェクト』において、我々スピリチュアル・ハイラーキーは、すべてのアセンションのエネルギー、アセンションの柱、アセンションDNAのエネルギーを降ろします。最大、MAXで！！！

それは十二の光の柱であり、十二のアセンションDNAと、その統合のエネルギーです。

準備ができた人は、すべてを受け取ることができるようになります！

この本のすべての内容は、中今（なかいま）で最新の、リアルタイムの「コ・クリエーション」（協働創造）で進行していきます！　そうです！　今、これを読んでいるあなたもすでに協働しているのです！

今回、皆さんにこうしてご挨拶でき、重要な情報とエネルギーをお届けできることを心から嬉しく思い、御尽力いただいた関係者の方々に、心からの御礼を申し上げます。

そして同時に、この高度なミッションに関わる問題も感じています。皆さんは今回、重要な使命を持ったアセンション・ライトワーカーとして、地球のアセンションをサポートするために、宇宙からやって来ました。しかし皆さんの多くが、この地球の物理次元に入るための条件のひとつである「記憶喪失」のままとなっています。本来、宇宙で学んできたはずの数々の内容や用語も、覚えていない人が多いと思います。ですから、内なる光、内なる愛の感覚だけが、そのガイドとなります！

ここ数年、真の自分に目覚める人々がだんだんと増えてきました！　それは、各界のアセンション・ライトワーカーの努力の賜物でもあります！

皆さんが宇宙の高次の記憶やエネルギーを取り戻せるよう、今回の企画では、神界・天界の根源のエネルギーとサポートとともに、アセンションの基礎、入門として、なるべく基本的な説明を交えたものとしていきます。アセンションへの変容のエネルギーと、その暗号（コード）とともに！

それではいよいよ、新アセンション宇宙「ＮＭＣ」へ向かって、地球アセンション号の発進です！

皆さん、シートベルトをしっかりと締めてください！

一なる至高の根源の愛と光、そして皆さんのハイアーセルフとともに！

皇紀二六六九年九月九日

根源神界　ＮＭＣ宇宙最高評議会
アインソフ　スピリチュアル・ハイラーキー（宇宙聖白色同朋団）
宇宙連合　銀河連合　太陽系連合　インナーアース連合
メイン・ファシリテーター（進行役）Ａｉ

はじめに

皆さん、こんにちは！　Ａｉ先生に日々ご指導いただいている、Ｌｏｔｕｓ（ロータス）です。本書では、皆さんのガイド（案内役）をつとめさせていただきますので、どうぞよろしくお願いいたします！

私は現在、地上と高次の無限のネットワークと各センターを有機的に結ぶ中心ポータルの場所で修業中です！

「上にあるがごとく下にも。内にあるがごとく外にも」となるよう、日々、ワクワクと励んでおります。

Ａｉ先生との学びは、根源・ＮＭＣ神界にサポートされています。天界からのサポートの主なアセンディッド・マスターは、ロード・キリスト・サナンダと、エル・モリヤなどです。

さて！　ではいよいよ、Ａｉ先生に登場していただきましょう！

Ａｉ：皆さん、こんにちは！

「アセンションしてますか?!」（笑）

これは「お笑い」ではなく、全高次からの、中今の、とても重要なメッセージなんです！

そして、様々な内容を含む、とても大切なテーマです。

Ｌｏｔｕｓ：そうですね！

そうしたすべての内容とテーマを踏まえて、では何から始めましょうか?!

Ａｉ：〝何から話そう?!〟と困るところです。

でも、冒頭の〝アセンション・スターゲイト〟のメッセージで、スピリチュアル・ハイラーキーが最も難しい内容を説明してくれたので、大分楽になりました。（笑）（＊「スピリチュアル・ハイラーキー」については、後述します）

さらに本書の出版に大変お世話になりました地球・宇宙神界のポータルである「謎の国家風水師N師」がおっしゃるには、本書が白峰（中今）先生のご著書である三冊の本「日月地神示」「続・地球人類進化論」（明窓出版）「地球一切を救うビジョン」（徳間書店）の、《共時性の続編》になっている、そこに本書出版の目的・意味の重要な点があると伝えてほしい、とのことです。

Lotus：それは重要なミッションですね！

Ai：でしょ？（笑）

Lotus：ところで、Ａｉ先生はいつも、めっちゃ自然体ですねー！

Ai：「天然」ということですか？（笑）

私と共に学ぶ皆さんも、本質的にそうであり、それはとても重要なファクターなんです。『神界、天界、ハイアーセルフの全き器』として「ピュア」（純粋）である、ということですね。

マスター・イエスは、「幼子のごとき魂でなければ天国に入れない」と言いましたが、まさにそうなんです。ですから、常に完全な神界・高次のポータルであること、そうなっていくということが、とても重要なんです。

そしてそれがイコール、「アセンション」でもあります！

Lotus：まさにそうですね！

Ai：そして真の高次とすべては、中今・最新の「コ・クリエーション」ですから、今回の企画の全容は、

私にもまだ分からないんです。(笑)

Lotus：えーっ。と言っても(いつものことなので?!(笑))驚きませんが……

Ai：楽しみですね！！！

さて、皆さんがご存じのように、「アセンション」とは、当然、三次元(物理次元)だけのことではありません。ほとんどがいわゆる「高次元」に関わるものなんです。(アセンションとは通常、「次元上昇」と訳されていますよね！)

そして、高次になればなるほど、そのエネルギーも情報も、「莫大」なものとなっていくのです！(＊粒子は、高次になるほど繊細になっていきます。)

ですから、「アセンション」には、本当に莫大、もう無限の内容とレベルがあると言えます。

アセンションに関して重要なことはたくさんありますが、その中のひとつが、『中今』です。それは「今、ここ」の「リアルタイムのライブ」ということですね！

そして〝大いなるすべて〟との、「コ・クリエーション」です！　あらゆるすべてが、真に、リアルタイムでのコ・クリエーション(協働創造)であるということです！

これもとても重要なことなので、皆さん、ぜひ覚えておいてください！

ですから、私たちは、常に「中今」、そして「リアルタイムのライブ」「コ・クリエーション」を重要視しています。

例えば私の地上での主な役割は、アセンションのファシリテート(進行役)です。個人セッションでは、一人一人のハイアーセルフと最大に協力し、それぞれに合ったアセンションとミッションの内容を理解し、エネルギーを共に最大に創造していきます。それは、グループ・セッションや通信の何十倍もの効果と速度をもたらします。なぜならそれは、「アセンションのエネルギーとDNA変容のエネルギーそのもの」の伝達、伝授となっていくからですね！　そして様々なアセンション・プロジェクトの進行役とコ・クリエーションです。

あらゆるすべての『トップ&コア』（最も上と、最も中心）は、常に『中今』にあります！

これまでは出版という予定はなかったのですが、前書きのように、各界からの強い要請があり、一人でも多くの人に真にアセンションしてもらうために、最善を尽くすべきであると！　そして、本書の内容そのものが、中今で、高次とのリアルタイムのコ・クリエーションとなっていきますから、出版をすることとなりました！

Lotus：〝どのような内容になるのか、何が出るのかお楽しみ！〟ですね?!

Ai：そうですね！　アセンションは中今で、常にそうです。

しかし、行き当たりバッタリとは違います。高次のスピリチュアル・ハイラーキーからプライオリティー（最優先、最重要事項）に準じて、そのポイントとテーマが来ていますので、それを踏まえて進めて行きたいと思います。

Lotus：分かりました。楽しみです！　まずはどんなテーマからとなるのでしょうか?

Ai：そうですね――！　高次は、まずはその中今・最新の『トップ&コア』（最も重要なこと）を中心に、と言っています。ですから、まずはそこから探求していきましょう！

Lotus：では皆さん、いよいよアセンション・エンジンの点火です！！！

『中今《なかいま》』とは？

Ｌｏｔｕｓ：では、中今とこれから、アセンションに関して、何が『トップ＆コア』で重要なのでしょうか？

Ａｉ：はい。まずは『中今』とは何か？　についてお話しましょう！

白峰（中今）先生がよくこの言葉を使われていると思いますが、これは神道の奥義の言霊です。

その意味については、実はその本質と同じものを、多くの皆さんが、すでに見たり聞いたりしています。

それは、八十年代頃から特に【宇宙連合】が、重要なメッセージとして伝えてきている内のひとつである、「永遠の今」、「今、ここ」（Here and Now）という概念です。（＊宇宙連合とは、最もシンプルに言うと我々自身のハイアーセルフ、フューチャー（未来）セルフの連合です）

それらは、「毎瞬、毎瞬の『今』という瞬間そのもの」を指すのです！

では、なぜそれが重要であるかについて、【宇宙連合】に説明していただきましょう！

『永遠の中今について』　―宇宙連合より―

皆さんを含むあらゆるすべての存在は、宇宙科学から観て、「今、ここ」にのみ存在します！「今、ここ」以外には、存在しません！　そして、「今、ここ」以外のものも、存在しないのです！

イメージしてみてください！

「一秒前のあなた」は、どこにいますか？

「一秒後のあなた」は、どこにいますか？

我々に観せてください！　……観せられませんよね？

つまり、存在しているのは、毎瞬、毎瞬の「今」のみであり、「今、ここ」のみなのです。これを、日本の神道では、古来より、『中今』と呼んでいます。

ではなぜ、その『中今』が重要なのか？　ここからが肝心なところです！　ちょっと高度な内容になりますので、なるべく分かりやすくお話しましょう。

「毎瞬、毎瞬の永遠の今」「今、ここ」しか存在しない。ここまではＯＫですね?!

では、あなたの「過去」や、「未来」は、どこへ行ってしまったのでしょう？　それは別に消えたわけではありません。これは、次のように例えられます。

白い紙の中央に、点があります。それを大きな円で囲むと、左の図のように「マルテン」になりますね！

その中央の点が、『中今』です。『中今のあなた』であり、『あなたの意識の中心』です！

そして周囲の円は、『中今のあなた』を囲む、『あなたに関わるすべて』です。あなたの過去や、未来や、ハイアーセルフ、それらの「すべて」です。

そして、その中心の「点」と周囲の「円」は、有機的に、密接に関わりあっています！

これは「マルテン」という形象の意味、エネルギーの奥義なのです。「点」（中心）イコール、「円」（全体）です。ご理解いただけましたか?!

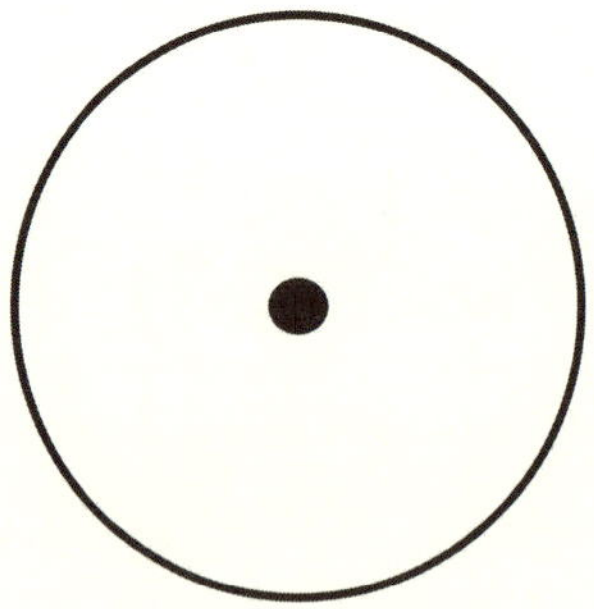

考えてみてください。「今」が変われば、「未来」も変わる。これはＯＫですね?!

では、「過去」はどうでしょう？　地球の皆さんは、ここの部分がちょっと苦手なようですが、これが「アセンション」ととても関係してきます。

「今」が変われば、「過去」も変わるのです。「意味」が変わる、そこから学ぶことが変わる、ということでもあります。

あなたの本体（永遠の存在）は、あなたのハイアーセルフです。そしてあなたのハイアーセルフの分身のひとつが、過去生で「何々」という存在であったとします。

あなたとあなたのハイアーセルフがアセンションをすると、あらゆるすべてが変わります。つながるレベルもです。より、『本源』に近づいていきます。その結果、過去生（のレベル）も変わるのです。

もう少し、説明を加えます。三次元とそれ以上の次元の最も大きな違いのひとつは、「時間」です。

四次元とは、いわゆるアストラル界のことであり、皆さんが眠っている時の夢の世界と同じで、三次元よりも時間が流動的です。また、瞬間的に好きな場所に行けたりします。

五次元は、地上セルフから観た、ハイアーセルフ（本体）のレベルの最初の次元であり、『魂』の世界です。地上セルフのあらゆる現実を創造する源です。ですから、時間そのものの源でもあり、始まりと終りが同時に存在しています。（皆さん、ついてきてますか！?!〈笑〉）

ゆえに、「マルテン」の形象学が本当に意味を持つのは、五次元のレベルからなのです！　古今東西のアセンション論でも、まずは「五次元」を目指す、ということが語られていることが多いですね！　なぜならば、それは、『魂』のレベルだからです。『魂』と一体化する、ということです。あなたが、あなたの本体である、あなたの『ハイアーセルフ』と一体化する、ということです！

その時、「マルテン」の中心の「点」は、あなたという存在の中心である『魂』を表し、そして周囲の「円」は、まさに「宇宙」となるでしょう！　なぜなら、それはあなたの唯一最大の「アセンション・スターゲイト」であるからです！

「マルテンのテン」である『中今』。あなたという存在の本体。その中心である『魂』。

それは、大いなるすべてへの、真の、そして唯一最大の『アセンション・スターゲイト』なのです！　これをぜひ、覚えておいてください！

真にアセンションを開始した人たちは、すでに体験し始めています！それは、「大いなるすべて」との、「ファースト・コンタクト」なのです！　これが真の、ファースト・コンタクト、我々とのファースト・コンタクトなのです。このコンタクトは、一度始まれば、永遠に続きます！

『中今』に生きてください！　過去を悔やんだり、未来を心配しないでください！『中今』が変われば、すべてが変わるのです。

このファースト・コンタクトの方法は、ただ一つであり、とてもシンプルです。あなたの意識を、あなたの『中心』にフォーカスしてください！　あなたのハート、そして魂に、フォーカスしてください！

ハートの門（ゲイト）は、あなたの魂という神殿の門なのです。そして魂は、神の全き分け御魂、分身であり、神の子なのです。

『トップ&コア』とは？

Ａｉ：では次に、『トップ&コア』とは何か？　ということについて、観ていきましょう。日本語にしますと、『最も上と中心』となります。まさにその通りです。

下の図を観てください。

「この二つの図は、同じものである」と言ったら、皆さん、どう思いますか？

右の図は、ピラミッドですね。そのＴＯＰに、「冠石」（キャップ・ストーン）があります。この図も、様々な意味で「全体」と「ＴＯＰ」を表すものなので、いろいろな活用方法があります。

もうひとつの図は、「マルテン」です。マルテンが「中今」を表現することについては、さきほどお話しました。そして、この円を、点線のように切り取ると、右図のピラミッドのようになることが分かりますね。

まずは「ピラミッド」ですが、「全体」と「ＴＯＰ」を表し、無限の活用方法があります。三次元でもよく使いますし、様々なヒエラルキーも同様です。

しかし今回はまず、「自己の意識の総体」として観てみましょう！　自己

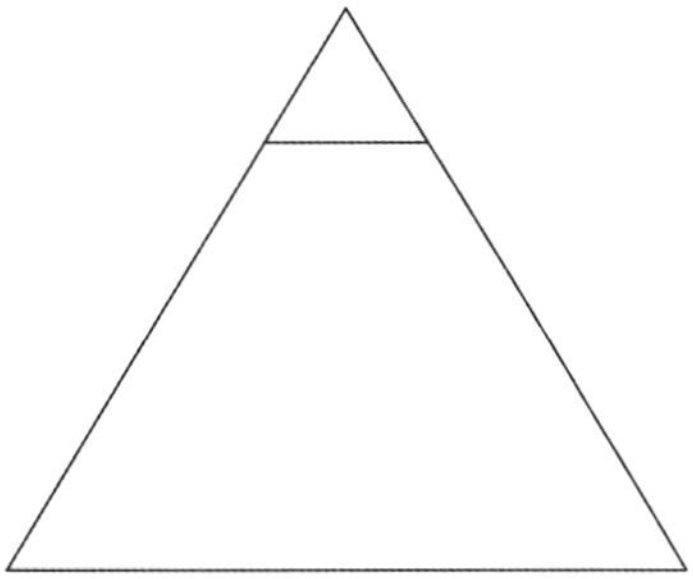

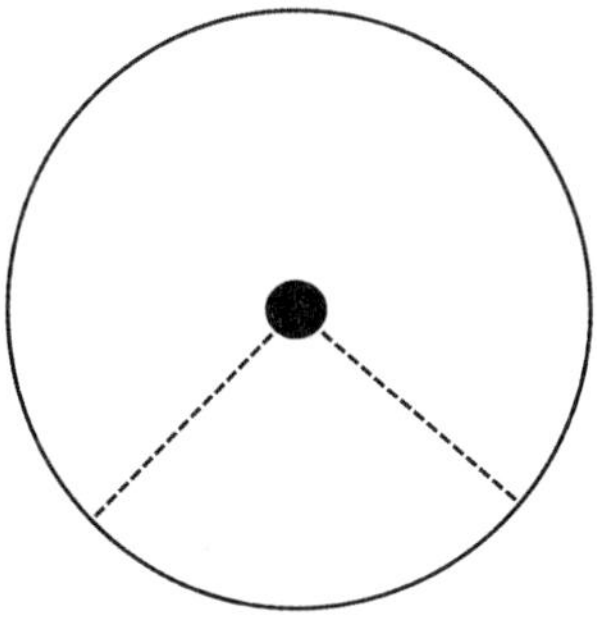

の意識。そこには、無限大の様々なものがあります。

では、その中で、「ＴＯＰ」と言えるものは何でしょうか？　「冠石」、キャップ・ストーンに該当するものは何でしょうか？

そしてこの図は、静止したものではありません。「全体」を表す三角の様々なエネルギーがすべて集約されて、「ＴＯＰ」となっています。「ＴＯＰ」の中に、すべてのエッセンスがつまっています。

それは、全体から観ると、「ＤＮＡ」のようなものです。

このように観ると、その「ＴＯＰ」、冠石、キャップ・ストーンとは、美しいクリスタルでできたような自己の「ハイアーセルフ」を表しているとも言えるでしょう。これは、「マルテン」図でも同様です。マルテン図では、それが「中心」となります。あなたの「中心」とは何か？　ということです。あなたの「ＴＯＰ」。そして「中心」。そこに常に意識を向けることが重要である、ということです！

アセンションのすべてはそこから始まる、と言っても過言ではありません！　それを、『トップ＆コア』と呼んでいるのです。

これは、アセンションのすべての段階、すべてのレベルでたいへん重要なこととなりますので、ぜひ覚えておいてください。アセンションの重要な奥義とツールの一つです。

この二つの図がミソなのです。とってもシンプルであり、理解しやすいものです！

三角、ピラミッドは、アセンション、次元、波動などにおいて、「縦軸」「高さ」「レベル」を認識することに役立ちます。そして円、球体、マルテンは、「全体」「中心」「広がり」を学んでいく時に役立ちます。

最も重要なことについて

Ａｉ：では次に、中今の、「最も重要なこと」とは何かについてお話しします。「最も重要な質問」ですね！（笑）

これは、大きく二つに分けることができます。何だと思いますか？

Ｌｏｔｕｓ：うーむ……。

Ａｉ：それは、「全体」と「個」です。

Ｌｏｔｕｓ：「全体」と「個」、ですか？

Ａｉ：一つめは、「宇宙全体」から観た時。そしてもう一つは、一人ひとりから観た時、です。

Ｌｏｔｕｓ：なるほど！！！

Ａｉ：これも、アセンションの「はじまり」から「おわり」まで、とても重要なものとなります。すべての神智学（と人智学）を統合した観点であると言えます。

まずは、この「大いなるすべて」の中における二つの観点、「二にして一なり」、「不二」の観点で観ること、その観点を持つことがすでにアセンションのスタートとなり、次の段階に入っていくと言えるのです！

Ｌｏｔｕｓ：たしかにそうですね！「全体」（宇宙）の観点から観る、ということは、「ハイアーセルフ」の観点とつながりますし、「ハイラーキー」の観点ともつながると、いつもＡｉ先生がおっしゃっていました！

Ａｉ：その通りです！

まずは「全体」（神界、宇宙、天界、ハイアーセルフ）から観て、です。

その全容及びトップ&コアについては、冒頭のスピリチュアル・ハイラーキーによる「アセンション・スターゲイト」のメッセージの中で大体は述べられています。その中から重要なポイントをまとめると、次のようになります！

・現在、全人類、全地球、全宇宙は、これまでの宇宙史で最も重要なターニングポイントにある！

・ここの宇宙は、今、ひとつの宇宙期、宇宙史を終えつつある。

・今、新たなアセンション超宇宙（NMC—New Macro Cosmos）が、すでに誕生しつつある！

・そのアセンション宇宙は、ここの宇宙、他のすべての高次がアセンションしたものであり、その結果である。

・それは、皆さんの「究極のハイアーセルフ」を含む！（ゆえに皆さんとハイアーセルフがアセンションし、そこへつながれば、新たな宇宙（NMC—New Macro Cosmos）への超アセンションの可能性がある！）

・今、一なる至高の根源神界からのエネルギー、フォトンと、神界のゲイトが、ここの宇宙、地球、そして我々一人ひとりのポータルである中心太陽＝『魂』に、つながっている！

・そのゲイトが開いている期間は二〇一二年までであり、そのピークが二〇一二年となる！

・ゆえに、今、宇宙規模で最も重要なことは、宇宙史の統合となる、最終・最大のアセンションを目指すことである！　それはすなわち、超アセンション、超宇宙（新アインソフ）を目指すということである！

Ｌｏｔｕｓ：うーむ、なるほど！　大変勉強になりました！

Ａｉ：ところでＬｏｔｕｓさんは、全体＝根源神界・宇宙・天界のプランのトップ＆コアは何だと思いますか？

Ｌｏｔｕｓ：『神人』（神と一体化した人）を創出することであると思います！

Ａｉ：とても明確ですね！（チャンネルでハイアーセルフが答えているようですが）そしてそれは、最も重要なことですね！　それについては、後ほどもう少し詳しく観ていきましょう！　では、個＝一人ひとりの中今のトップ＆コアとは、何だと思いますか？

Ｌｏｔｕｓ：『神人』を目指すこと。神人となることであると思います！

Ａｉ：それもとても明確ですね！　そして、前者と後者はイコールですね！　それが、とても、とても重要なのです！　それが、アセンションの奥義のひとつなのです！　その理由は、前者（神・宇宙・ハイラーキー・ハイアーセルフ）の意志・願いと、後者（一人ひとり）の意志・願いが『ひとつ』となった時に、真のアセンションが起こるからなのです！

Ｌｏｔｕｓ：それはとても深遠で、重要なことですね！

Ａｉ：はい！　ですから、個＝一人ひとりの「トップ＆コア」とは、まさにＬｏｔｕｓさんが述べられたことそのものですが、まずは、さきほどのまとめのように、「今、宇宙規模で最も重要なこととは、全体と自己の宇宙史の統合となる、最終・最大のアセンションを目指すことである！　それはすなわち、超アセンション、超宇宙（新アインソフ！）を目指すということである」となります！

Ｌｏｔｕｓ：とてもよく分かりました！

About Ai――Aiとは？

Ai：さて、皆さんはここまで、Aiとは何者か、という疑問を抱いたままこられていることでしょうから、ここで少し、説明をしたいと思います。

Lotusさんは、今生での私との初対面の時、どんな印象を持ちましたか？

Lotus：私は、ある会合でAi先生と初めてお会いしました。Ai先生が会場に入ってこられた瞬間、なぜかすぐに「この人だ！」と分かりました！　とても透明感のある美しいエネルギーを感じたのです。

Ai：……なるほど。

Lotus：その時には、Ai先生はおおぜいの人に囲まれていてほとんどお話ができなかったので、次の機会には、何とかしてAi先生に張り付こう！　と心に誓いました！（笑）それで、次にお会いした時に、他の人たちのようにいっしょに学ばせてほしいとお願いしたのです。

そして本番は、宇宙のハイアーセルフと地上セルフが一体化した、「宇宙お誕生日」の日でした！　その「瞬間」に、まさにあらゆるすべてがやって来たのです！！！

Ai先生が、NMC（未来のアセンション宇宙）のメイン・ポータルとして、今回なぜ地球に来られたのか！　そして自分の「本体」が、なぜ、どのような願いを持って地球に来たのか！

それらのすべてが、エネルギーと情報として、まさに莫大な奔流となって瞬時に来たので、その瞬間に地上セルフのヒューズが飛んで（笑）、すべてを思い出すのに少し時間がかかりました！

Ai：そうでしたね！

Ｌｏｔｕｓ：ところで話は変わりますが、本書の出版元の明窓出版などで御本を出されている「白峰（中今）先生」とは、Ａｉ先生から観て、どんな方ですか？

Ａｉ：それについてはたくさんのマル秘があり（まだ地上では様々な危険性もいろいろとありますので）、今はあまり話せませんが、ここの宇宙・地球神界によると、二〇一二年頃までに、（皆さんにも）大体すべてが分かるそうです！（楽しみですね！）

ひとつだけ、最も重要なトップ＆コアについて述べますと、一なる至高の根源神界では、すべてが文字通り「ひとつ」なのですが、その上で、ここの宇宙と地球の神界を代表する地上セルフの役割をされている方であると言えます。（それはこの方のすべての宇宙史、地球史から来るものであり、他の誰にもできないでしょう！）

今生、地上で初めて白峰（中今）先生とお会いしたのは、ウエサク祭ｉｎジャパンで、私が実行委員と総合司会を担当した時に出演していただいた時であり、地球霊王サナート・クマラの代行としてご挨拶されていました！

さて、Ｌｏｔｕｓさんから観て、Ａｉとは、中今の一言で言うと「どのような人」であり、「どのような存在」ですか？

Ｌｏｔｕｓ：う――――んん、中今で言うと、もう表現できません（笑）！「あらゆるすべて」としか……。

Ａｉ：「宇宙お誕生日」の時に、Ｌｏｔｕｓさんと、ハイアーセルフが言ったことを覚えていますか？

Ｌｏｔｕｓ：はい！『あらゆるすべて、神界、神人、ライトワーカーの〝母〟ですね！』と言いました。そして「世界で一番こわくて?! 同時に世界で一番やさしい、かーちゃん」だと！（笑）

Ai：（笑）では、私についてなにから説明しましょうか？

Lotus：そうですね。まずはAi先生の「Ai」というHN（ホーリーネーム）の由来について、ぜひお聞きしたいと思います。

Ai：わかりました。これは、意味があるようで、無いようで、あるんです。（笑）高次では、すべてが「波動」「エネルギー」の世界なので、地上のような「名前」というものは、必要ないのでありません！

Aiというと、Ainsoph（アインソフ）の『Ai』をイメージする方も多いと思いますがその通りで、二〇〇二年の旧正月に天界から降ってきたHNは『アイン』でした。でもそれだとカバラっぽいので、『Ai』となりました。

ちなみに、二〇〇九年六月の「父の日」に、ある方（謎の国家風水師N師）に私のエネルギーを色紙に描いていただきましたら、通常にはないほど時間がかかった結果、「神界が、これしか描いちゃだめだって言うんだよね！」と、次のようなものになりました。

まず中央に、「日の丸」のような赤い「マルテン」。そしてその上に、「上にあるがごとく下にも」の文字。そして「マルテン」の下に、「Ain Sof」の文字。……ただこれだけだったのです。

Lotus：そうでしたね！

Ai：私と高次の解説では、次のようになります。

「あい」という言霊は、日本語では、まずは「愛」。そして『天意』などの意味もありますが、このHNの究極の意味とは、「何者でもあり、何者

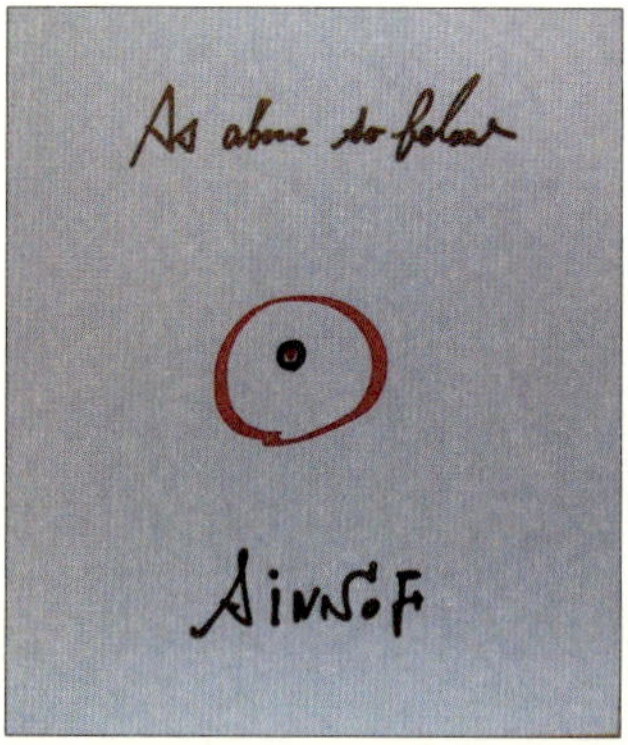

でもない」なのです。

Lotus：へっ?!

Ai：〝I AM THAT I AM〟のIなのです！『大いなるすべての中における自分』。そして『自分の中の大いなるすべて』という意味なのです。

Lotus：なるほど……。

Ai：このHNの言霊は、こうしたすべての意味を含む、ライトワーカーの皆さんへのメッセージなんですね！「汝自身を知れ」ということなんです！（神界の真名《まな》は、まだ表に出せません）

Lotus：う―む。深いですね……！

Ai：では、本題に入っていきましょう！　スピリチュアル・ハイラーキーより、以前から、次のように言われています。

・今回の最終・最大の宇宙アセンションのために、前・アンドロメダ宇宙最高評議会のすべての高次の科学と技術を結集し、（プロトタイプとして）すべての高次のDNAが、統合されている。そのDNAを、日本の創始に持っていった。（どの時空を観てもここの宇宙は『ONENESS』（ワンネス）にならなかったので、宇宙ハイアーセルフ連合による関与で、未来から古代の日本にDNAを持っていき、日本人が創生された。これについてはリサ・ロイヤル著の「宇宙人　内なる訪問者」〈徳間書店〉で述べられています）

・Aiの今生のアセンションのすべてのプロセスが、ここの宇宙、地球における最終・最大アセンションの雛形となり、プロトタイプとなり、アセンションに必要なすべての高次のDNAをもたらし、活性化することができる。

それらのノウハウは最大限、可能な限り、本書でも皆さんにお伝えする必要があるのですね！　そこには、莫大なものがあり、とても本書だけではお伝えできませんし、それだけで何冊もの本になってしまいます……。

本書では、まずは前述の内容と関係することをひとつお話しすると、次のようなことがあります。

・今回の最終・最大アセンションのために、地球ハイラーキーは、宇宙最高評議会（アインソフ）へ誓願を行った。その内容は、「一なる至高の根源（神界）のポータルが、地球とつながること！　そして全神界、全宇宙の、宇宙と地球の創生時からの創始の願いであった、人（日戸）の、神人への成長、進化が成ること」。

これは、ライトワーカーには以前から有名な、ある大御所（表には出られていません）から、地上で初めて連絡をいただいた時に伝えられたことです。その方が、地球の創始に、地球で初めてアセンションのセレモニーを行った時に、私（の本体）が、アインソフからそれを見届けに来た、と言われたのです！

Ｌｏｔｕｓ：ほお……。

Ａｉ：「小説よりも奇なり」、でしょ！（笑）

そしてそれらに関連して、次のことが重要なのです。

・アセンションを真に創造し、サポートするためには、実践・経験に基づいたものでなければならない。

＊要するに、高次からのメッセージは重要ですが、それだけではだめで、「人として体験したものを、人に伝える」ことが重要であり、それが唯一最大に伝わる方法である、ということなんですね！

Ｌｏｔｕｓ：なるほど、であり、まさに、ですね！

Ａｉ：そして、お伝えしておきたいことは、私も、私といっしょに学ばれている皆さんも、そして今、本書を読んでいる皆さんも、「実はとてもよく似ている」、ということなんです！

多くの人々が、すでにお気づきだと思います！「アセンション」とは、少し昔の、いわゆる「精神世界」の話ではありません。それは、中今・最新の、そして唯一・最大の、宇宙規模の『進化』、そのものなのです！

ですから、今、明確に言いましょう！「アセンション」というものに関心があり、それに関わっているだけでも、そして、本書を今読まれている「あなた」も、とても進化した存在なのです。まずはそれについて、自信と確信を持ってください！　遥かなる宇宙の始まりに、一なる光の根源から旅に出て、今回の地球では、まだ一人ぼっちでいる人たちは、とても心細いかもしれませんが、今、悠久の宇宙史を通した、永遠の、真の仲間、家族たちが結集しつつあります。真の意味でアセンションを遂げていく人たちというのは、宇宙規模の、最高のエリートなのです！

本来、宇宙の創始より、すべての存在がその可能性とDNAを持っているのですが、先だってそれを開花させていく人たち、ということですね！　ぜひこれについて、しっかりと認識してください！

では、私（Ａｉ）のこれまでの宇宙史と、地球の今生、そして中今についてですが、まだ、神界とハイラーキーからすべては出せないと言われていることも多いので、可能な範囲で最大に展開していきます。

さきほどの「進化」と「ＤＮＡ」のお話と関係しますが、私は、今生、地上に生まれてから現在まで、「あなた変わってるね」と言われたことが一度もありません。（自分でも不思議なのですが！〈笑〉）それだけ、この世界への適応能力があるということでしょうか。三次元では一見、とってもふつーの人に観える、ということですね?!　宇宙連合の特殊部隊の分身もいて、訓練も積んでいますが。

これにもいろいろと奥義があるのですが、私からよくアドバイスをしているのは、アセンションの選択とレベルの違いで、地上の家族や人々と摩擦が起きそうな時は、自己のトータルを百とすると、その中で必ず合う部分がありますので、それを大切にしてあげてください、ということです。

そんな私にとって、最初の大きな出来事は、7歳の時でした。宇宙連合からコンタクトがあり、宇宙や宇宙船についていろいろと教わり、「光の速度を超える母船」で、「ここの宇宙の外」まで連れていってもらったのです。その時に、宇宙の「無限性」について、まさに「エネルギー」として、体験しました！　これはとても重要な布石となりました。宇宙連合（ハイアーセルフ連合）は、よくこのような方法を使います。

その頃はお転婆でヤンチャな悪ガキ（？）でしたが（笑）、外で泥んこになって遊ぶのと同じくらい、読書も好きでしたね。多くの皆さんと同様、感受性が強く、よい本や、自然界の美しいエネルギーと「完全に一体化してしまう」ということに気づいていました。これは、エンパシー（感応）能力と言います。これを持つのは、宇宙系の人に特に多いです。子供の頃は、国内外の神話やファンタジーが特に好きで、十歳頃までに、図書館にあったこのジャンルのものは、ほとんど読んでしまいました。

後に、宇宙連合の地上の先輩が、宇宙から来た多くのライトワーカーが同様で、「メンタル体」（＊神智学参照）を持ったまま生まれてきている、と言っていました。最近のクリスタル・チルドレンなどに多いように、完成された、ハイアーセルフのレベルの思考や感性を持ったまま生まれてくる、ということですね！

そして次の大きなターニング・ポイントは、十歳の時でした。今生で、初めてアンドロメダ銀河の美しい映像を観た時です。その時にこれが自己の本体の主な故郷であることを思い出し、「宇宙意識」へと、シフトしました！

もう一つ、これもアセンション・ライトワーカーやクリスタル・チルドレンの多くに共通していることですが、前述の「宇宙のメンタル体の保持」の話と関係して、生まれる前から宇宙の『真理』『真実』について、奥深いところで潜在的に「知っている」ということです！

ですから、特に有史の地上の物理次元社会や、その歴史の矛盾などに、早くから気づいていく……、ゆえに、既存の地上の宗教や、新興宗教なども、生理的に受け付けないいんですね。なぜなら、高次の宇宙文明では、あらゆるすべてが『ひとつ』であり、科学・宗教・芸術なども、その本質が真に『ひとつ』になっているからです。

これも、多くのアセンション・ライトワーカー（及びその卵達）に共通している点ですが、これには、重要な理由がたくさんあります！

そのひとつは、「来るべき時まで、大切に、ピュアなまま、護られてきた」ということです！　これも莫大な内容ですから概要となりますが、私がよくお話していることの一つとして、「霊視力」というものがあります。アセンションに興味を持ち始めて間もない方に共通している相談のひとつが、「霊視力というものが自分には全くない」「何も見えない、聞こえない」というものです。

しかし、実はこれには、とても重要なことが隠されているのです！　「霊視力」とは、自分が感応する周波数帯のことです。ですから、主に「四次元」の視力を持つ人は人のオーラが観えたりしますが、いわゆるヨウカイも観えたりします。

しかし、これまでの調べによると、四次元視力を持ちながら、同時にそれ以上の高次の視力を併せ持つ人はほとんどいません。ちなみに「ピンからキリまで観える」という人を、地上で一人だけ知っています（謎の国家風水師N氏）。しかし、ピンからキリまで観える・観るということは、役割上、大変ですね。

そして、ここからが重要なのですが、アセンション・ライトワーカー（及びその卵）の人たちは、高次から護られているため、ハイアーセルフが、今回は最初からある設定をしています。明確に言うと、『五次元以上の視力』です！

ですから、〝これまでは、地上にはほとんどそのレベルのエネルギーがなかった〟ので、「私には何も観えない！（泣）」ということになっちゃっていたんですね！　数年前、ある重要な神界・ハイラーキー・宇宙連合のプロジェクトの時に、謎の国家風水師N氏から「今、宇宙連合の母船が地球に公式に来たとして、あなたにしか観えなかったらどうする？」と言われたことがあります。これは、とても重要なことだと思いました（これが、神界・高次連合によるアカデミーのスタートの理由の一つです）。

そして、「観える時期」というものがあります。それがまさに、宇宙・地球の様々な条件が整ってきた「今」なんですね！　ですから、私といっしょに高次と学んでいる皆さんは、「フォトン（を観る）セミナー」の他、ハイアーセルフ、ハイラーキー、神界とのコンタクトのワークにより、どんどん「観える」ようになっていくんです！　それは当然、物理次元のものではありませんので、アセンションに関わる様々な学びが必要となります。しかしそれは、少しも難しいことではありません。ほとんどが、元々持っている力やDNAを、『開花させていく』ということなのですから！

そしてそのための重要なポイントのひとつは、『繊細さ』というものです。エネルギー・波動は、高次のものになるほど大きく、莫大なものとなっていきますが、同時に「繊細」になっていきます。

そして真のアセンション・ライトワーカーは、その「繊細さ」を獲得するためには、「真の強さ」が必要である、ということに気づいていくのです！　さらに明確に言うと、「すべての高次の力というものは、真のアセンションに伴って発現する」のです！

さて、私に話を戻しますと、宇宙ライトワーカー共通の潜在的な特性を持ちながら、十歳以降のしばらくは、運動部の部活とか、ふつーの青春を謳歌していました。

そして、第三のターニング・ポイントは、十代後半の頃でした！　十七歳になったある日、『自己のミッションとは？』という大テーマが、どこからかドーンと降って来たのです！

そのために、様々な学びを始めました。宇宙とは何か？　生命とは何か？　なぜ、宇宙に生命が存在するのか。その目的は?!「それが分かれば、自己のミッションも分かる」という不思議な確信というか、啓示がありました。

しかし、地球のトップの科学者たちもテーマにしている事柄について、一生かけてもはたして分かるのだろうか、という疑念もありました。それでも、進めていく必要があると感じました。そして、こんな大事なことに関心を持たない人たちが不思議だ……と思い始めました！　後に、多くのライトワーカーたちも、同じであるということを知ったのです。

それらの探求と学びは、既存の宗教は生理的にダメなものですから、まずは純粋に科学的な手法で進めていきました。後に、守護のためや、科学的思考の育成のためという、高次の意図であったと知ったのです。

そして、地上の科学のＴＯＰである、ニューサイエンスの領域まで来て、「宇宙とは、あらゆるすべてが相互作用しているコスミック・ウェブである」という、素粒子物理学の最新理論を理解した時に、今生、最初で最大の、「スピリチュアル・ハイラーキーからの正式な召還」があったのです！

詳しくは書けないのですが、「自己の魂とハイアーセルフの本源の願い」を地球ハイラーキーに向けて送った時に、明確に受け取られました。そしてそこからが、まさに超アセンションの、『スーパー・ジェット・コースター』となっていったのです！！！

まず、いわゆるニューエイジのトップの領域が、ニューサイエンスのトップと同様の事象を、違う言葉で表現している、ということに気づきました！　ひとつの山の頂上にたどり着いた時に、ふと周囲を見渡すと、隣にもうひとつの、美しい、大きな山の山頂が観えた、という感じです。

そして新たな探求を始めた頃に、過去の分身に関わる重要な出会いもあり、ある有名な神職に呼ばれて、日本神界の重要なイニシエーションも受けました。さらに、「神智学」とも出会いました。そしてほとんどすべての既存の関連データを観た結果、この「神智学」が、「求めていた答え」の約八十パーセントを表している、唯一最大のものであるということに気づきました！　不思議なのですが、その八十パーセントとは、「宇宙創始以来、普遍・不変」の部分であり、あとの二十パーセントは、『中今・最新』が必要な部分である、と（ハイラーキーのマスター方からの）啓示があったのです！

その他、「神智学」の内容を観た瞬間に感じたこと、マスター方から啓示が来たことは、次のようなものでした。今回のミッションのために、真の神智学を宇宙史の中で学んできたライトワーカーは、観た瞬間に、八十パーセントを理解できる。（白峰先生も、これまでのご講演の中で、「地球の真のエリートは皆、「神智学」を学んでいる」と、よくおっしゃっていました。）

そして、「神智学」についての学びと実践を始めてすぐに、とても重要な出来事がありました！　地球ハイラーキーの長、サナート・クマラが降臨し、しばらく、地上セルフの訓練を、サナート・クマラ自身が指導してくれると言うのです！　そのお姿は、伝説の通り、永遠の十六歳でした。理由は「時間がないから！」とのことでした！　それから、高次の基礎訓練や、様々なことが同時に展開していきました！

後に気がついたのですが、十代の頃、初めて金縛りになった時に助けていただいた守護霊だと思っていた存在は、マスター・エル・モリヤとマスター・クート・フーミ（マスター・イエスの弟）で、子供の頃から見守ってくれていた、ということです。

その後は、冒頭のハイラーキーからのメッセージ、『アセンション・スターゲイト』に書かれているような内容の通りで、すべてがその「実践」となっていったわけです。……大体、こんなところでよろしいですかね？

重要なことは、高次から観たらすべてが計画であり、コ・クリエーションでも、地上セルフから観たら、一つ一つの事象について、明確に、自己の「意思」で「選択」した結果となる、ということなんですね！

上にあるがごとく、下にも。上＝下となるまで！

Lotus：ありがとうございました！

Ai：さて、最後に、この章における最も重要なメッセージは次のものです！

アセンションのすべては、「実践」であり、「実践」そのものである！

そしてそれは、「アセンション＝ライトワーク」、「ライトワーク→アセンション」という、アセンションと宇宙における、唯一・最大の法則でもあります！　それについて、もう少し詳しく観ていきましょう！

真のアセンションとは？

さて、皆さん！　あらためて、「アセンション」とは何でしょう？　どういうことを意味するのでしょう？　知っているようで、知らない。知っているつもりで、実は知らないことが多いのではないかと思います。とても根本的で、基本となる問い、テーマです。この問いに明確に答えるには、ある程度のレベルまで、実際に「アセンション」を体験し、日々、実践していないと答えられませんね！

「アセンション」（Ascension）という語源は、「キリストの昇天」を意味する言霊から来ています。もうひとつは、「天体（太陽）が昇ること」を意味しています。これらはとても深い意味があり、重要なことなので、ぜひ覚えておいてください！

そしてこの「アセンション」という言葉は、多くの場合、日本では「次元上昇」と訳されています。しかし、「次元上昇」って何でしょうね？　次元が上昇する……。これもまた、分かるようで分からない、と思っている人が多いのではないかと思います。

日本語ではこの言葉を、「たった二文字」で表わすことができます！「神智学大要」をすべて読破し、神智学について、トータルで勉強すれば分かると思いますが、本書を読んでくださっている皆さんのために、特別にお教えしましょう！

それは、〝進化〟（神化）です！　真（神）の意味での。永遠、普遍、無限の。

このように理解すると、とても分かりやすいと思います！

さて、アセンションという意味については分かりました。では、具体的にはいったいどういうものなのでしょうか？　いったいどうすれば、真にアセンションをすることができるのでしょうか？　肝心のこのことについての（真の）マニュアルが、これまでは無かったのです！　地球創始以来、特にこの数千年間、地上には無かったと言えます……。なぜならば、それらは〝隠されて〟いたからです。

しかし「物理的に」隠されていたわけではありません。それらは、『宇宙の創始』から、常に在りました！　あらゆるすべての〝本質〟とは、「エネルギー」です！　それらは「エネルギー」として存在していた（永遠に存在している）と言えます！　そして、いわゆる「アカシック・レコード」と呼ばれる領域、エネルギー、波動帯と同じようなものです。

「真にアセンションできるマニュアル」というものが、この数千年間地上に存在していなかったという主な理由は、それらが存在する領域・波動帯に、地上の人類のほとんどがアクセスできなくなってしまったということによります。これは、地上の文明と人々の意識が、物理次元（三次元）密度に移行したことによるものです。

さらに「地球の創始から無かった」という理由の一つは、現在の、宇宙・地球の最終・最大アセンションが、宇宙史上、「最もスペシャル」なものであるからです！　もう一つの理由は、「アセンション」とは、宇宙のすべての本質と同様、「天然」「自然」であるからです！　「自発」「意志」と言ってもよいでしょう！　求めよ！　されば開かれん！　なのです！

各時代でも、必要な時に必要な内容と形で、必ず「道」はありました。ただ、多くの人々が、それに気づかなかっただけなのです。

しかし、今回の宇宙・地球の最終・最大のスーパー・スペシャル・アセンションに関しては、全神界、全天界一致で、これまでの方法だけでは間に合わない、という結論になったんですね。そこで今回の『天の岩戸開き』となったのです！

さて、次には主に、『アセンションの〝真の〟入門』ということについて、それを『真に希望する』読者の皆さんへ、お話をしたいと思います。

真にアセンションをしたい方へ

「アセンション」とは何かについてはまだよく分からなくても、関心がある、そして本書を読んでいるということだけで、すでにその「資格」があります！　それについて明確に認識し、意識してください！

さらに皆さんは実際、すでにその「アセンション」のプロセスの一部に入っているのです！　なぜなら、今、ここに皆さんの『ハイアーセルフ』と『無限の高次のネットワーク』が集い、つながっているからです！　すでにそれを、何らかの形で感じている人もいらっしゃるでしょう！

まずは「アセンションに関心がある」という時点で、近い将来、偉大なアセンションを遂げていく可能性があるということであり、その潜在的なＤＮＡを持っているということなのです！　そして、ここから先が重要である、ということが分かるでしょう！　今のそのままでは、そのままです……！

そして、「アセンション」について何らかの知識がある、関心がある、ということと、「実際に真のアセンションのプロセスに入る」ということは、違いますね。ゆえに、ここから先が、「真のアセンションの入門」となっていくわけです！

では、それに必要な条件とは、何でしょう？　本書全体に、たくさんのヒントや暗号、そのエネルギーがちりばめられています。まずは、『内なる光』とつながってじっくりと考えてみてください。

……いかがでしょうか？　まずは、「意志」が必要である、ということが分かりますね。文字通り、最初に『自分が門をくぐる』、『入門する』、ということです！

そしてその時に、とても、とても、大切なことがあります！　それを知る一つめのヒントは、「なぜ?!」というものです。

なぜ、アセンションを目指すのか？　なぜ、アセンションをしたいのか？　その「動機」「意図」です。

それが、そこから先の、「門の中の門」、「大いなるすべての門」、「スーパー・アセンション・スターゲイト」へとつながっていくのです！

そして、「アセンション・ライトワーカー」をさらに超えて、高次のネットワークの永遠、普遍、無限のメンバーである、「スピリチュアル・ハイラーキー」へと、つながっていきます。

その次に重要なヒントは、「宇宙のすべての存在が、その創始より本来持っているもの」です。

そして本書を最後まで熟読された多くの皆さんが、「アセンション・スターゲイト」への『鍵』を実際に手にすることができるでしょう！


すべての存在が、真の門をくぐることを願って！

ＡＬＬスピリチュアル・ハイラーキー＆アセンディッド・マスター　エル・モリヤ
メイン・ファシリテーター　Ａｉ

スピリチュアル・ハイラーキーについて

スピリチュアル・ハイラーキーとは?

「スピリチュアル・ハイラーキー」(Spiritual Hierarchy) は、アセンションに関わる書籍や資料には、よく出てくる存在ですね。

しかし、「スピリチュアル・ハイラーキー」が何者なのかをすぐに明確に答えられる人は、ほとんどいないと思います。真の「神智学」を学んでいる人は、おおむね分かっているかもしれません。「神智学」を探求していただくと、最もよく分かるでしょうが、現在その関連で書籍となっているものの多くは、かなり昔に書かれたものなので、読みにくいと感じる人も多いようです。

最もスタンダードで体系的に書かれているのは、「神智学大要」(出帆新社刊) です。宇宙の創始からの宇宙史、地球史、進化史、そして人体から宇宙までの様々な構造等について、詳細に述べられています。J・D・ストーン博士の、「完全アセンション・マニュアル」(ナチュラルスピリット刊) も、たいへん参考になりますが、この内容の多くは、宇宙ハイラーキー、宇宙レベルのものとなっており、「神智学大要」の内容をマスターしていないと、適切に活かすことはできません。

そして、神智学について、そしてアセンションについて、ある程度学んでいくうちに、「アセンション」と神智学は、どうも密接に関係しているようだ、ということに気づくでしょう!

それでは、重要なポイントをまとめていきましょう!

「スピリチュアル・ハイラーキー」とは、直訳すると、「霊的聖師団」という感じです。「ハイラーキー」とは、聖なる存在とその位、天界の位などを表します。

「宇宙ロゴス」（宇宙創造神）を中心として、宇宙のあらゆるすべての進化と生命のエネルギー・ネットワークを司り、宇宙レベル、銀河レベル、太陽系レベル、惑星レベルの、各「ロゴス」（神）を中心としたアセンディッド・マスター（高度なアセンションを遂げた存在）や大天使などの天界が、サポートしています。

宇宙における意識の進化─アセンション

神智学における「宇宙のあらゆるすべての普遍的な進化」（アセンション）について少し述べますと、宇宙ロゴス、銀河ロゴス、太陽系ロゴス、惑星ロゴスの働きにより、宇宙、銀河、恒星系、惑星が創生され、そして大天使などの働きによって自然界の準備が整うと、いよいよ生命の誕生と進化のステージに入ります。

意識の進化から観て行くと、太陽と惑星と自然界の高次に育まれながら、まずは鉱物、植物、そして動物へと進化していきます。そしてあらゆるすべての準備が整った時、大いなる根源から、霊（スピリット）、魂が降臨して、人（霊止、日戸）の誕生となるのです！

そして、一人ひとりの準備が整った時に、「真の進化」である「アセンション」がスタートするのです！

左の図を観てください。

神智学によると、「進化」には、二つの大きな流れがあります。動物から人へ、そしてマスターへと進化していくルート。もう一つは植物から精霊、そして大天使へと進化していくルートです。

ここで重要なことは、「アセンディッド・マスター」と、「大天使」のレベルに至って初めて、両者の流れが「一つ」になる、ということです。そして今回の地球・宇宙最終アセンションにおいて、皆さんの過去の分身やハイアーセルフは、この二つの系統の両方を体験してきていると言えます。

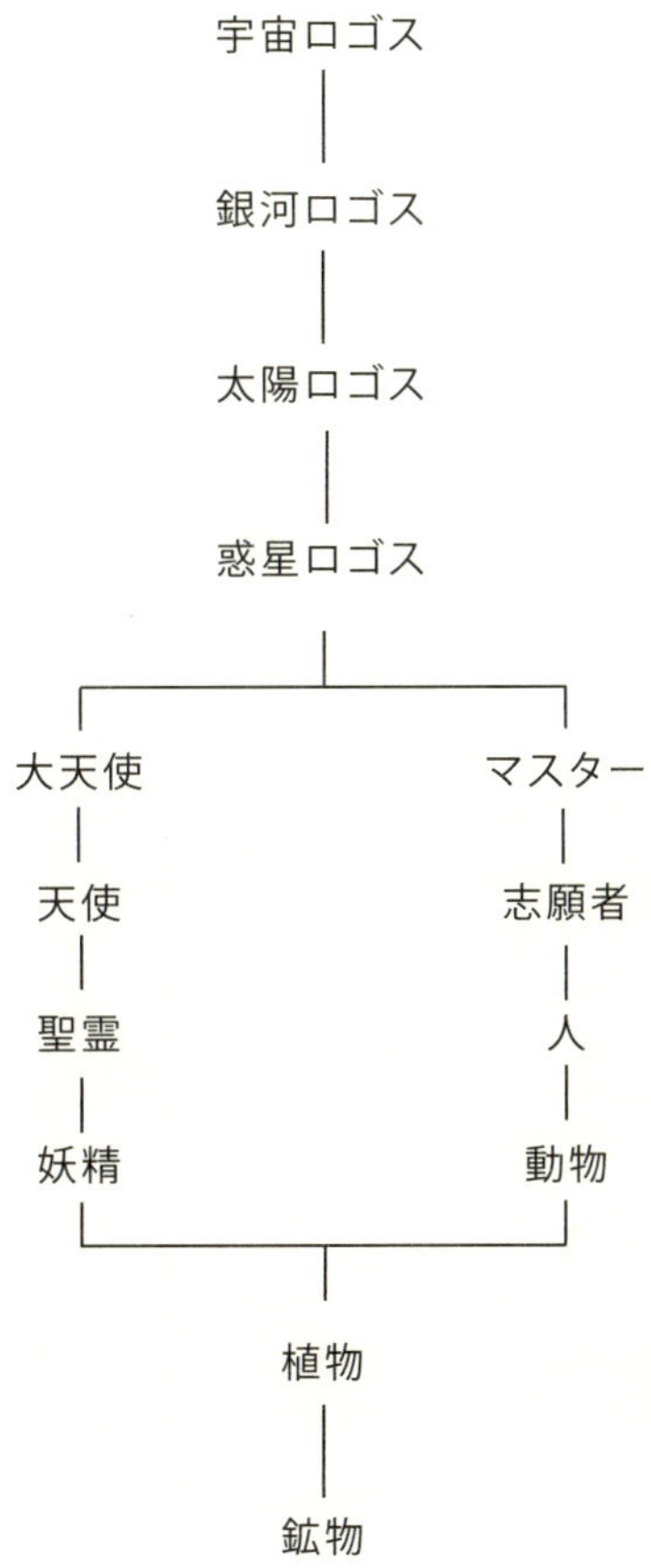

【意識の進化の図】

中今のスピリチュアル・ハイラーキーとは？

では次に、地球歴ＡＤ二〇〇〇年以降の、『中今・最新』のスピリチュアル・ハイラーキーについて観ていきましょう！

ＡＤ二〇〇〇年以降の、中今の高次元界の全体と地上の私のネットワークでは、「高次元界全体の総称」を、「スピリチュアル・ハイラーキー」と呼んでいます。

本書の冒頭のメッセージにありますように、今回の宇宙史の最終・最大のアセンションのために、ＡＤ二〇〇〇年以降、「あらゆるすべての愛と光の高次」は、『ＯＮＥＮＥＳＳ』ワンネス、ひとつになっています！

大いなるすべての源、一なる至高の根源神界、すべての神界、すべての天界、そして神智学で言うスピリチュアル・ハイラーキー、アセンデイッド・マスター方はもちろん、アインソフ評議会、大天使界、聖母庁、キリスト庁、メルキゼデク庁、宇宙連合、銀河連合（連邦）、太陽系連合、インナーアース連合、それらのすべてがひとつなのです！　もちろん、皆さんのハイアーセルフとそのネットワークも含まれています。

その総称を、「スピリチュアル・ハイラーキー」としています。

註：「宇宙聖白色同朋団」（グレート・ホワイト・ブラザーフッド）とは、前述の「スピリチュアル・ハイラーキー」の中でも、宇宙の創始からのマスター方を指しますが、とても高度なレベルとなりますので、詳細は本書では割愛し、第二弾以降の機会にしたいと思います。

その最も本質的なところをシンプルに述べますと、惑星、太陽系、銀河、宇宙の各レベルの「セントラル・サン」の役割を持つネットワークです。

『神界』について

神界とは？　神道とは？　内なる神とは？

では皆さん、次は『神』『神界』について、探求していきましょう！

『神界』とは？　神道とは？　内なる神とは？

これもまた、知っているようで知らない。分かるようで分からない。身近なようで、「？」という感じではないかと思います。

さきほど、スピリチュアル・ハイラーキーやアセンションに関する真のマニュアル、その体系が記された書物のようなものは、これまでには、ほとんど地上に無かったというお話をしました。

『神界』、『神道』に関しては、ことさらにそうであると言えます！　それがまさに『神道』たるゆえんであると言えるのです！

そこには様々な理由がありますが、主な理由として、『神道』というものが、「奥義の中の奥義」として、特に有史以降、一般からは隠され、大切に護られてきたということがあります。

『神道』とは、「神への道」ですが、他の宗教とは様々な点でまったく異なっています。神、そして神道とは、日本人にとっては大宇宙であり、大自然そのものであり、同時に古来からの身近な生活文化であり、風習そのものです。人々は、様々な節目に神社に参拝します。

では、『神』という存在は、いったい何者なのでしょう？

『神』とは、宇宙万物の、創生の源です。『神』とは、宇宙万物の、生みの親です。

そして、『神』が宇宙万物の生みの親であるならば、我々という存在は、紛れもなく、『全きその子供』です！　そして『神』と我々が『全き親子』であるならば、神と我々とは、それほどかけ離れた存在ではないと言えるでしょう！

「神道」。そしてあらゆるすべての「奥義の中の奥義」とは、『上にあるがごとく、下にも』、そして（イコール）『内にあるがごとく、外にも』というものだと言われます。

それを表すのが、「中今とは?!」の項で描いた、「ピラミッド」と「マルテン」の図です！　この奥義は、宇宙の創始から存在しており、地球の超古代にも存在していました。

『上にあるがごとく、下にも』は、ヘルメス神（マスター・トス）の言葉とも言われ、古代アトランティス時代からの高次の奥義でもありますが、実はこの言葉は、もうひとつの言葉と併せて『対』になっているのです。『二にして一なり』、不二なのです。

もうひとつの言葉は、後年、特に有史以降、物質文明とその支配を拡大していこうとする存在たちによって消されていました。その言葉が、『内にあるがごとく、外にも』です。

そして本当は、キリストの時代にも、「奥義の中の奥義」として、『内にあるがごとく、外にも』は伝えられていたのです。

この『内』とは、『内なる神』を表します。『内なる神』は、地上においては、最近では特に一九七〇年代頃に発生し、古今東西の愛と光と叡智を統合した「ニューエイジ」、そして一九九〇年代頃からの「アセンション」に関わる情報公開の中で、アセンディッド・マスターによって伝えられ、復興されました。

この『内なる神』こそが、宇宙創始から普遍のものであり、あらゆるすべての本源であり、究極のポータルなのです！

地上の皆さんは、やっと今、そこまで還ってきたのです！

『神界の親子』。『上にあるがごとく、下にも』。『内なる神』。これらについて観てみると、神と人との関係性というものが、おぼろげに観えてくるのではないでしょうか。

そして、真の親である神々の、創始の願いが分かってきます。宇宙の誕生。生命の誕生。そして『人』（霊止、日戸）の誕生！　その時の、神々の願いが……。

それは、すべての親と子の関係性と、まったく同じものでしょう！　神々の願いは、親の願いと同じものなのです。

『神は、自らの雛形として、人を創造した』。まったくその通りであると言えます。

神が我々の親であり、「元型」であるならば、その子供たちが、悠久の進化・成長をへて、自らの『親』の姿へと進化していくということは、全く自然なことであると言えるでしょう。

このように観てくると、さきほどの「意識の進化の図」のように、アセンディッド・マスターや高次の存在とは、宇宙の進化の中における「先輩」であり、神という親を中心とした宇宙大家族の兄弟姉妹であるということが分かります。そして高次の存在も神もかけ離れたものではなく、「自身の延長」であり、「進化の目標」である、ということも分かるでしょう。

そしてこの宇宙におけるあらゆるすべてが、この宇宙の全き一部であるように、あらゆるすべては「大いなる源」、『神』の一部であるということが分かるでしょう。

『天津神界』と『国津神界』について

『天津神界』『国津神界』とは？

Ｌｏｔｕｓ：ふたたびＬｏｔｕｓです！　神道において、そして読みものなどでも、「天津神」（あまつかみ）、「国津神」（くにつかみ）という言葉が時々出てきます。特にアセンションの初級においては、これに関する質問が多いですね！

Ａｉ：はい。この『天津』『国津』に関する『中今』の理解が、皆さんの「スーパー・アセンション」の重要な要因のひとつとなっています。これを真に理解すると、「スーパー・アセンション」に入っていけます！

Ｌｏｔｕｓ：なるほど。特に今回の「究極」の「スーパー・アセンション」のためには、この『天津神界』と『国津神界』に関する中今・最新の理解が、とても重要であるということですね！

Ａｉ：その通りです！　まず、『天津』『国津』の「津」という漢字は当て字であり、古代の言葉の「何々の」という意味なんですね。すると直接的には、『天津神』とは天の神。『国津神』とは、国の神という意味になります。

でもこれだけでは、よく分からないですよね。最も分かりやすく言うと、「天の神」と「地の神」であり、真の意味では、『太陽神』と『地球神』なのです！　それが、古事記などに描かれた日本の神界で言われる『天津』『国津』の意味なのです。

それは、この地球とこの太陽系の太陽のことだけではなく「宇宙規模」のものであり、普遍のものなのです。なぜなら、この地球はここの宇宙（神）の雛形であり、日の本と人（日戸）とは、太陽（神）の雛形であるからなのです！

そしてここからが最も重要ですが、『太陽神』の構造、システムを「マルテン」としますと、その究極は『フォトン』であり、原子、人体の中心太陽＝『魂』、惑星の中心のセントラル・サン、太陽系のセントラル・サン、宇宙のセントラル・サンまで、すべてが「スーパー・アセンション・ワープ」として、つながっていくのです。そして、ＮＭＣ「未来のアセンション宇宙」のセントラル・サン、『一なる至高の根源』へと……。

とてもシンプルですが高度な内容でもありますので、まずはそのイメージを、意識しておいてください！

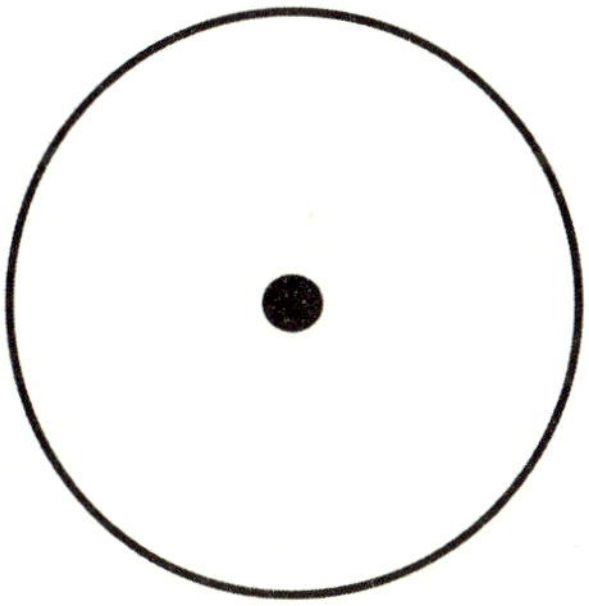

スーパー・アセンションの「黄金比」とは？

Ｌｏｔｕｓ：ではなぜ、今回の「スーパー・アセンション」のために、「天津神界」（太陽神界）と「国津神界」（地球神界）の理解が重要なのでしょうか？

Ａｉ：それが、中今とこれからのスーパー・アセンションのための「黄金比」となるからなのです！

『黄金比』とは、古代の神殿や自然界にも観られるものであり、最も安定した美しい比率であると言われています。他にも、「七十八対二十二」という法則もあり、白峰先生もご講演やご著書の中でよく述べられています。これは別名、「宇宙の法則」や「古代ユダヤの法則」等とも呼ばれます。例えば、人体は水分が約七十八パーセント、その他の物質二十二パーセントで成り立っています。そして地球の大気の成分は、窒素約七十八パーセントに対して、酸素等が約二十二パーセントとなっています。大自然の宇宙法則ということですね。

さて、ここで言っている、中今とこれからのスーパー・アセンションのための「黄金比」とは、『太陽神界』と『地球神界』の比率「七十八対二十二」です。約「八対二」ですね。言霊としては分かりやすく、黄金比と呼んでいます。それは、皆さん一人ひとりの、『魂』（本体）と肉体（地上セルフ）の関係とも同じなのです。あらゆるすべての中心、そして皆さんという一人ひとりの存在の中心も、太陽である『魂』です。（永遠、普遍という意味では、もちろん肉体ではないですよね！）

『魂』と肉体の関係について

アトランティスの偉大なマスター「トス」は、「人」について、高度にエネルギー的な観点から観て次のように述べています。（イメージしてみてください！）

「人の中心には、中心太陽である『魂』が輝いている！　そしてその周囲を、物質である肉体が回転している。

それは、原子核を中心として、その周囲を電子が回転している様子に似ている。また、太陽系の太陽を中心として、惑星がその周囲を回転しているのと同じである。さらに、人体の「脳天」には、『銀河』が宿る」

これは様々な意味で深遠な真理であり、宇宙レベルの科学ですので、ぜひ皆さんも探求していってください！

では、一人ひとりの『魂』と、肉体の関係について観てみましょう。

皆さんの『魂』とは、どこにあるのでしょうか？　お空の上ですか……？　……頭？　……体の中心？

（「自分」を指す時には、頭や足ではなく、体の「中心」を指しますね！）

様々な観点から観ると、正しくは体の中に魂があるのではなく、『魂の中に、肉体がある』のです！

さきほどの「スーパー・アセンション・ワープ」のお話のように、「自己の中心」とは、あくまでもその『ポータル』でしかないということであり、同時に、「無限大」の、「スーパー・アセンション・ゲイト」でもあるということなのです！　これも重要なことですので、皆さん、しっかり覚えておいてください！

一なる至高の根源神界と超アセンションの「黄金比」

このように観ていくと、「人は地球の中にあり、その一部。地球は、太陽系の中にあり、その一部。あらゆるすべては宇宙の中にあり、その一部である」という感覚が、芽生えてくると思います。それらを宇宙神界レベルで観たものを、『太陽神界』と『地球神界』の「黄金比」と呼んでいるのです。

『太陽系の中における地球』

『太陽神界』（天津神）と『地球神界』（国津神）。

『魂』と『肉体』。

それらの『中今・最新』のエネルギーバランスの比率が、約「八対二」なのです！

この『太陽神界』と『地球神界』の「黄金比」について理解し、そのエネルギーを活用できますと、あらゆるすべてが逆転します。「体従霊主」から、「霊主体従」となるのです。それが、「スーパー・アセンション」となっていきます！

また、その『太陽神界』とのつながりが、とても重要なのです！　なぜなら、それはすべての天界・高次を含むからです。魂と肉体の関係性で観てきたように、皆さんの現在のハイアーセルフも、未来のハイアーセルフも、そこに属しています。

皆さんは、天津太陽神界（高天原）という、魂の源・故郷から、太陽の国、日の本へと天孫降臨した子供たち、子孫です。今回の、「スーパー・アセンション」の主役とは、皆さん一人ひとりの太陽である『魂』と、その延長であるすべての高次のネットワーク、そしてその神界なのです！

それが、真の『天岩戸開き』なのです！　おわりのはじまり。永遠・無限のはじまりです！

『宇宙史と地球史』について

地球の意味・人の意味

Lotus：もうひとつ、多くの皆さんが共通して関心を持っていることに、ここの宇宙の宇宙史、そして地球史がありますね！

Ai：そうですね。その根底には、とても奥深い意味があるんです！

この宇宙は、なぜ存在しているのか。どのようにして始まったのか。

どのような歴史なのか。なぜそのような歴史になったのか。

なぜ、現在、このような状況なのか。

地球は、なぜ、存在しているのか。地球の意味は？

人とは、どのような存在で、なぜ、どんな目的で存在しているのか。

等々です。

では、それらについて観ていきましょう！

「宇宙とは？」「生命の意識の進化とは？」ということについては、「スピリチュアル・ハイラーキーとは？」の項で観てきました。それらは、先述の『黄金比』の、天津神界、天界、いわゆる「高次」からの観点であると言えます。そして、一なる至高の根源とNMC「アセンション超宇宙」、また、ここの宇宙の全高次の見解であり、エネルギーであると言えます。

それが真マクロ宇宙NMC規模のトータルでの、『黄金比』の八十対二十の中の「八十」の部分です。そして「二十」の部分が、「ここの宇宙の宇宙神」と「地球神」であると言えるのです。

象徴的な例として一番分かりやすいのは、「太陽の大天使ミカエル」と、「地球の大天使ルシフェル」の伝説です。

大天使長であったルシフェルが、「宇宙の雛形となる〈地球〉と、神の雛形となる〈人〉を創造したい」と神界に申し出た時、大天使ミカエルをはじめ、天界のほとんどが反対をしたそうです。その理由は、「そのようなものを創ると、「地球」や「人」を支配すれば、全宇宙を支配できると考えるバカ者が出てくる。「上にあるがごとく下にも」ではなく、「下にあるがごとく上にも」となると考えるだろう」というものでした。

日本でも、天照大神と、スサノオの命の伝説がありますね。

そして、皆さんもお分かりのように、まさにその通りとなったのです。地球の支配権を巡る宇宙戦争です。

しかし、ここの宇宙の「宇宙神」と、その分身である「地球神」の創始の願いもまた、大いなる源、根源神界と同じであったのです。

そして今！　ここの宇宙の最終の周期と最大のアセンションに当たり、一なる根源神界と、全（天津・太陽）神界と、全天界が、全面的に協力を行っているのです！

皆さん、さきほどの宇宙規模、太陽系規模、そのミクロコスモスの「人」の、『黄金比』について思い出してください。八十対二十。それは魂と肉体、精神と物質の比率でもあります。皆さんの魂と肉体の関係性のように、太陽系の『魂』とは『太陽』であり、その肉体とは『地球』なのです。

また、白峰先生がご講演やご著書でおっしゃっているように、「この宇宙は、一滴の水から生まれ、それが地球となった」と言われていますが、それは「物質宇宙」に関するお話です。『光』が物質化したものが、

『水』であり、「水」のエネルギーが固体となったものが、水晶（クリスタル）です。

『一なる至高の根源』の光が、ここの宇宙の「宇宙神」、そして「地球神」というポータルを通って、『神の全き子』である『人』というものを生み出し、育むために、この物質宇宙と地球ができたのです！

ですから、人の体は、アセンションしていくと、「クリスタル」のエネルギーとなっていきます。

そして、『光』の、さらに『神』の『器』となっていくのです！！！

『神人』について

神人とは？　―『魂』というポータルと「君が代」

Ｌｏｔｕｓ：この『神人について』のお話で、いよいよ、「クライマックス」になってきましたね。

Ａｉ：そうですね！

Ｌｏｔｕｓ：まさにこれが、アセンションにおいても「クライマックス」、頂点ですね！

Ａｉ：はい！　様々な意味で、それが究極の「ゴール」でもあると言えます！

Ｌｏｔｕｓ：ここで、『神人』について、ぜひまとめていただけると幸いです。

Ａｉ：了解しました！

『神人』とは、読んで字のごとく、『神と人が一体となった人』を表します。古代で言う、「何々の命《みこと》」（みこと）ですね。『神界のポータル、地上セルフ』でもあると言えます。

さらに具体的に述べていきましょう！　そのすべては実学、実践、体験となっていくわけですが、『神人』の〝入門〟について重要な点をまとめますと、次のようになります。

ハイアーセルフと完全に一体化している。すなわち、『魂』との一体化。

・『魂』は、一人ひとりの本体、究極の本源へのポータル（門）である。

・『魂』は、神の分御魂《わけみたま》、分身、全き『神の子』である。

・『魂』は、純粋な「フォトン」である。純粋な、「愛」「光」「歓喜」「叡智」の最初のレベルである。

・『魂』は、自らの最初のレベルの「創造主」である。自らのすべてを司り、自らのすべてを創造する、創造の源である。
・ゆえに、『魂』と真に一体化するということは、自らの「創造のマスター」になる、真の『五次元人』になるということである。

また、自らの究極の本源、神の光、フォトンを、ポータルである『魂』から発する、ということなのです！

万物の源は、光子、フォトンです。ゆえにそれは、あらゆるすべてを変容させていくことができるのです。『魂』が根源のポータルにつながり、その光を発していくようになると、全身の細胞も、DNAも、変化していきます。

まずは真の『五次元人』になること、それが、神界の雛形である日本に住む私たちの、創始からの役割なのです。日本人は、「神道《かみのみち》」という『命《みこと》』（ミッション）を持っていますが、それは、宇宙の神界の源の『皇《すめら》』に、その源を発しているからなのです！

そして、神の愛と光のポータルである『魂』という神殿が発動する時、その中心に「菊の花」の光が輝き出します。それが、『君が代』と呼ばれるエネルギーなのです！

スーパー宇宙アセンションに向かって！！！

天岩戸開き＝黄金龍体＝天鳥船（地球アセンション号）発進！

Ａｉ：皆さんのハイアーセルフ・ネットワークとすべての高次、天界、神界、そして一なる根源神界が、皆さんにお伝えしたいことはたくさんあるのですが、今回は「第一弾」であり、ここの宇宙・地球神界からも、本書では、真のアセンションへの『入門』となるようにしてほしいと言われています。

しかし本書には、そのための「発動」となる重要なことがたくさん入っています。

ここで、これまでを振り返り、重要な点、そして追記すべき内容などについて補完していきたいと思います。

本書の冒頭の、スピリチュアル・ハイラーキーからのメッセージの中で述べられていますように、最近のある宇宙規模のセレモニーにおいて、とうとうここの宇宙の卵の「殻」のようなものが、消失しました。それは、一粒一粒が黄金の粒子のようになって、とても美しいものでした。

Ｌｏｔｕｓ：ということは、高次のエネルギーレベルでは、これまでの宇宙はすでに存在していないということですよね？

Ａｉ：その通りです。読者の皆さんも、深いレベルではご存じかと思います。そして皆さんのハイアーセルフは知っていると思います！

そして今や、この宇宙から観て存在するのは、未来の超アセンション宇宙の、「ＮＭＣ」のみとなったわけです。（平行宇宙にもたくさんの「ＮＭＣ」はあります）そこには、皆さんの究極のハイアーセルフも参加しており、すでにその新しい宇宙にいるのです！

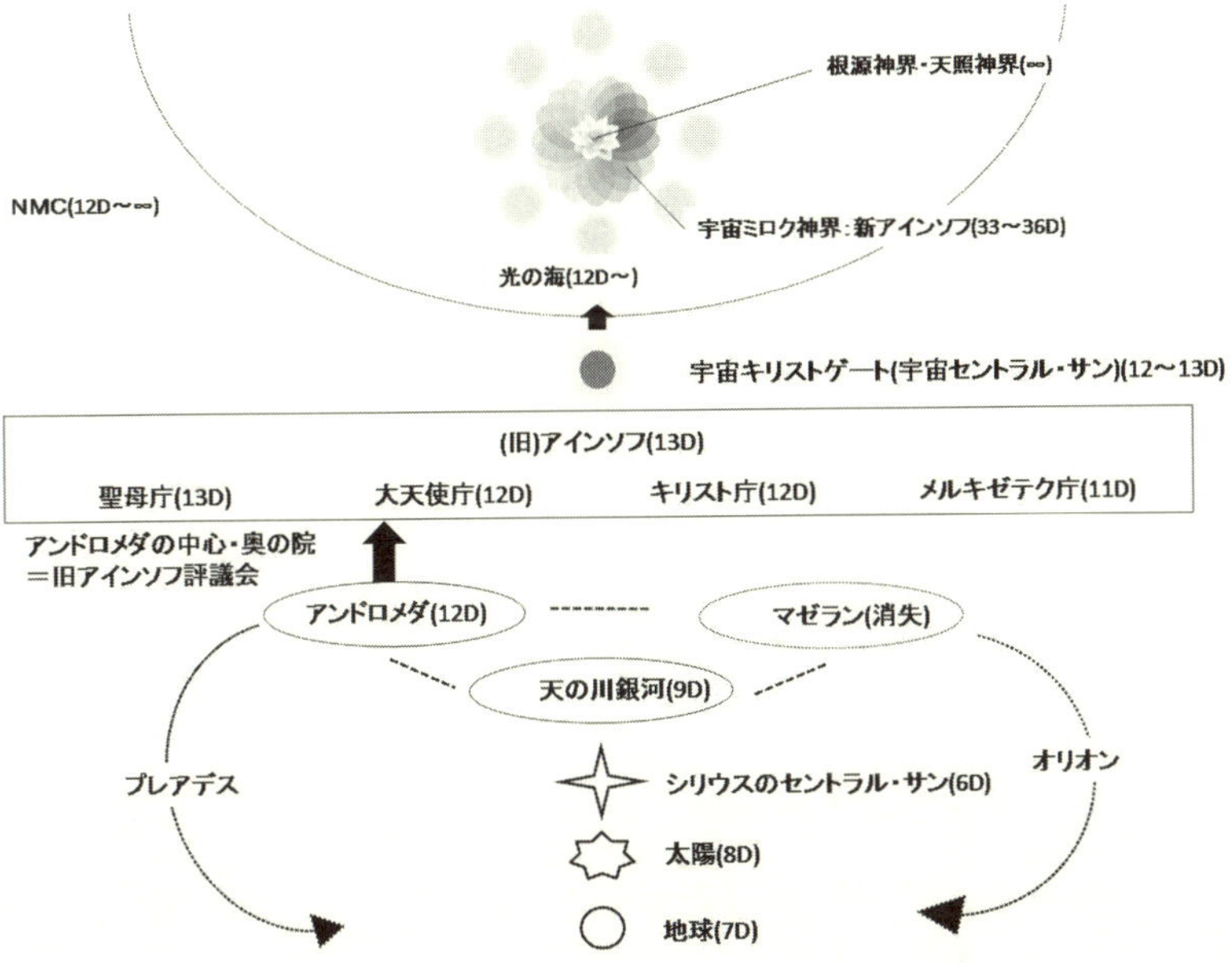

ではここで、「宇宙アセンションＭＡＰ」を観てみましょう。

これまでの宇宙ＭＡＰは、もはや「旧」になってしまったと言えるのですが、これからの皆さんの「スーパー・アセンション」には、重要なものとなります。なぜなら、「目的地」を知るためには、「地図」が必要だからです！

上の図を観てください。これが、これまでの『一なる至高の根源』への、スーパー・アセンションＭＡＰです。

実際はもっと莫大なコンテンツがありますが、分かりやすく簡略化したものです。

このアセンションＭＡＰを活用した時に、大体の方は共通して、次のようにおっしゃいます。

「これまでの地上セルフの顕在意識では明確に認識をしていなかったが、このＭＡＰを観ると、自己の奥深い所であるトップ＆コアで、『たしかにそうだ！』『これだ！』と感じる」

「この図を活用して、必要と感じる所へ意識とエネルギーをつなげていくと、実際につながる！　エネルギーが来る！」

このＭＡＰは、地球から順に意識とエネルギーをつなげていくためのツールとなります。

今回の地球、シリウス、ここの銀河のアセンションは、地球ハイラーキーと、その長のサナート・クマラ、シリウス・ハイラーキーとその長のヴァイワマスの、「シリウス・プロジェクト」でもありますが、それをサポートするのはアンドロメダ銀河であり、ここの宇宙の最高評議会のアインソフです。アンドロメダ銀河は、ここの宇宙で創始に生まれた領域であり、すべての存在にとって、最も本源に近い故郷です。アンドロメダやアインソフについて、顕在意識でも記憶していてつながっている人は、まだ地上では少ないのですが。記憶を呼び起こすという意味でも、前述のアセンションMAPはとても重要です！

そして、冒頭のスピリチュアル・ハイラーキーからのメッセージのように、旧・アンドロメダ領域、そのトップ&コアのアインソフがアセンションして、現在の、中今・最新の、超アセンション宇宙の母体となっているのです。地球の科学（三次元の）でも、約30億年後に、アンドロメダ銀河とここの銀河が「合体」すると言われているように、「エネルギー・レベル」と高次では、それはすでに起こりつつあることなのです！

それが、「シリウス・プロジェクト」の実際です。これには、地球ハイラーキーの関連から、金星なども関係していくでしょう。現在、銀河連邦からの情報にもありますように、地球アセンションによる変動が、宇宙アセンションに伴って、日々大きくなっています。そうした意味でも、この「シリウス・プロジェクト」も重要なものとなっていくでしょう！（「謎の国家風水師N氏」によると、このシリウス・プロジェクトも近々、本になるそうです！）

そして、それらに関するメイン・スポンサーで、メイン・サポーターとなるのは、やはり、『太陽神界』なのです！ その、真の『メイン・ポータル』とは、皆さん、一人ひとりなのです！！ 太陽神界の雛形である、この日の本に生まれ、住む、皆さんです！

そして、その皆さん一人ひとりの、真の太陽、「スーパー・アセンション・ゲイト」である『魂』のエネルギーが、真に開き、発動する時。その時、この日の本の国土である黄金龍体も、真に発動するのです！　それは、「地球アセンション号」である太陽の船、『天鳥船』となるのです。

神界の雛形である、この日の本に住む、一定規模の人々が、『神人』へと至る時。その時に、この地球全体を、「五次元」へと移行させるエネルギーが発動するでしょう！

それが、「地球維新（神）」なのです！

では、『中今・最新のＮＭＣアセンションＭＡＰ』を観てみましょう！　これは、一人ひとりが、未来のアセンション宇宙である「ＮＭＣ」につながるためのものです！

次ページの図は、Ｌｏｔｕｓさんのアセンション ＭＡＰです。ＭＡＰは一人ひとり異なりますが、大枠では大体、共通しています。

そしてＬｏｔｕｓさんは、そのミッションも考えますと、皆さんの雛形の代表です。

本書が皆さんと日本、地球、宇宙にとって、真の『天岩戸開き』となることを祈願しております。

一なる至高の根源からの愛と光と感謝とともに！！！

一なる至高の根源神界　天照皇太神界　ＮＭＣ評議会
スピリチュアル・ハイラーキー
メイン・ファシリテーター　Ａｉ
ホームページ　http://nmcaa.jp

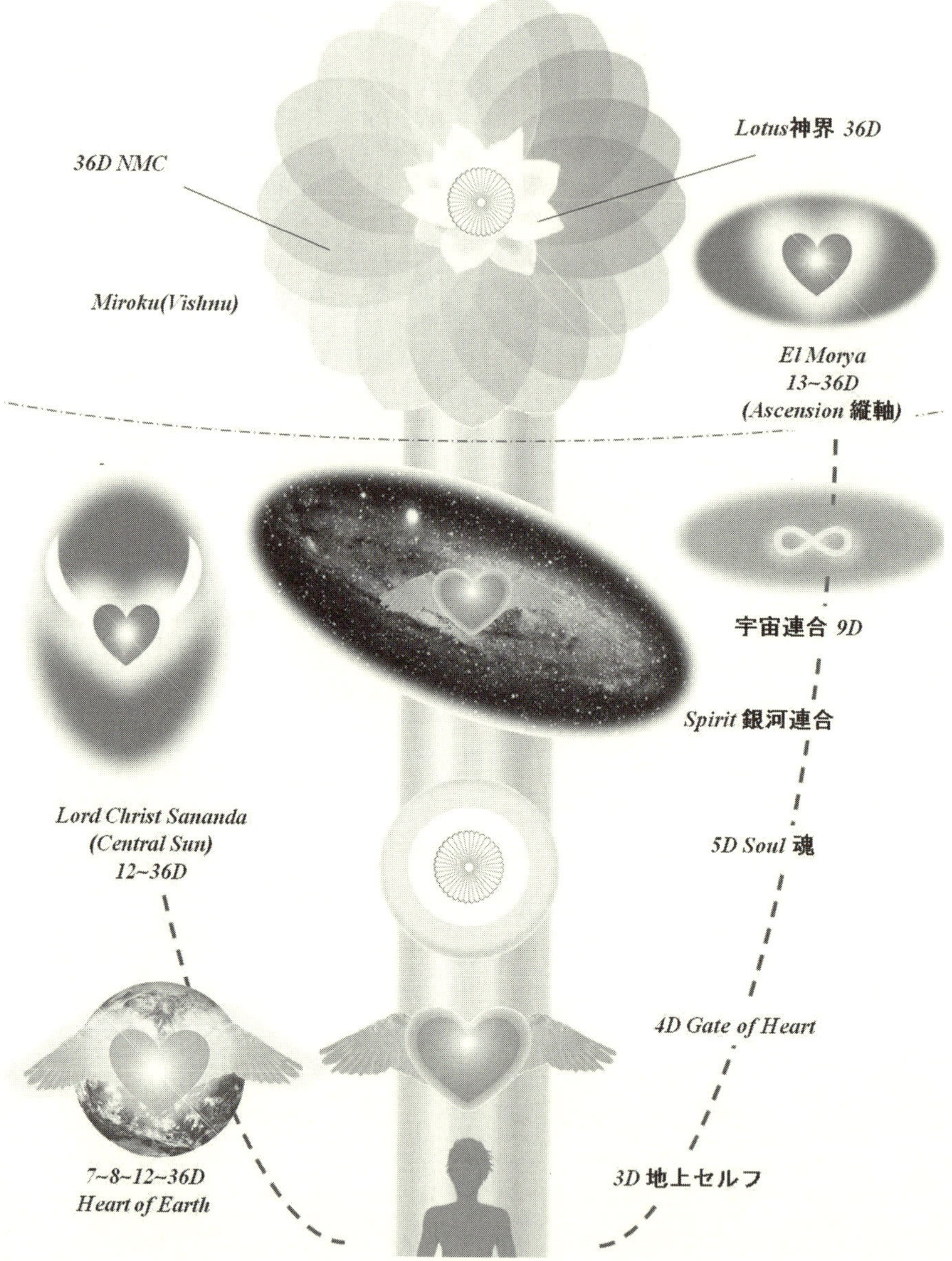
Lotus神界 36D
36D NMC
Miroku(Vishnu)
El Morya
13~36D
(Ascension 縦軸)
宇宙連合 9D
Spirit 銀河連合
Lord Christ Sananda
(Central Sun)
12~36D
5D Soul 魂
4D Gate of Heart
7~8~12~36D
Heart of Earth
3D 地上セルフ

第二章 「スーパー・アセンション入門」
ーファースト・コンタクトー

真にアセンションできるマニュアルとは

再び、Ｌｏｔｕｓ（ロータス）です。第一章では、グローバルなビジョンから、アセンションの根幹となる内容を、Ａｉ先生と様々な高次のソースとエネルギーともに観てきました！　皆さんのアセンションＤＮＡも、かなり活性化してきたことと思います！

この章では、アセンションの基礎に関する様々なお話や、私の実際の体験談などを中心に展開していきます。

私、Ｌｏｔｕｓは、２００５年にＡｉ先生と出会いました。いっしょにアセンションの学びと実践を進めていく中で、自己のあらゆるすべてが変容していきました！

ここでは、Ａｉ先生の元で行ってきた、私の学びと実践、体験、そして変容の過程を、皆さんにもできるだけ感じて、体験していただくために、日記のような形でまとめてみました。

さて、「アセンション」とは、ほぼ全てが本人の内的世界での感覚・体感によるものであり、外部に向けて、基礎から体系的にまとめられ、しかも人としての実体験を含んだ実践的なテキストは、これまではほとんど存在していませんでした。それは、「真にアセンションできるマニュアル」と言えるでしょう！

「真にアセンションする」ためには、まずは実際に、高次のソースにつながることが必要です。そして、そこからのサポートが重要です。（ＮＭＣＡＡのアセンション関連の参考図書は、こうした観点からのものとなっています）

そして、「真にアセンションできるマニュアル」の重要なポイントとは、「常にその高次に実際につながっている」上に、「実際にそのエネルギーが入っている」ということです！

それがアセンションＤＮＡの起動、変容のエネルギーとなるからです！

Ａｉ先生との学びでは、エネルギーの効果をより高めるために、各自のハイアーセルフと直接コンタクトする個人セッションや少人数制のグループセッションを重要視していますし、膨大なアセンション・コンテンツ（資料、データ）もあります。

アセンションの本質とは、実は少しも難解なものではありません。その核心に近づくほど、よりシンプルに、エレガントに、美しく、生命力と躍動感に満ちた、感動的なものとなっていくのです！

すべてがワクワクと楽しく、ポジティヴなエネルギー、愛と光と歓喜のエネルギーに満ちていきます！

なぜならそれが、「アセンションそのもの」であるからです！！！

アセンションの奥義

アセンションの「奥義」とは、とてもシンプルなものです。どのような存在でも、本来持っているものであり、どのような存在でも、到達可能なものなのです！

それは、巻頭のスピリチュアル・ハイラーキーの「内なる光、内なる愛の感覚だけが、そのガイドとなりえる」という言葉の通りです。

「道は、愛で始まり、愛で終わる」それは、愛なのです。それが、唯一最大の、アセンションのスターゲイトなのです。あなたがその道に入るなら、必ずそれを実感していくことでしょう！

ハイラーキーのマスター方は、次のように述べています。

「アセンションの度合いは、『愛』の強さ。大きさ。『光』の強さ。大きさ。そして『意志』の強さ。『叡智』の深さと比例する」と。

宇宙の創始より、スピリチュアル・ハイラーキーが重要視する「三位一体」とは、「意志」「叡智」「愛」の三側面が統合されたものです。それらが統合される時に、真の『光』となり、『力』となるのです。純粋な『愛』と、純粋な『光』です。

そしてもうひとつ、アセンションの度合いとは、『探求心』の深さの度合いである、とハイラーキーのマスター方は述べています。それは、冒険心でもあります。

あらゆるすべての生命の目的、存在の目的とは、「進化」であると言えます。それは、宇宙の創始に始まり、宇宙の終りに成就する、壮大な、宇宙的な進化なのです！　日々、何となく暮らしているだけでは、何ひとつ前進しないということはお分かりでしょう。

そしてアセンションという言葉を知っているだけ（知らないよりは良いのですが）、知識・情報を知っているというだけでもだめですね。なぜならば、例えばスポーツ等と同じで、見たり聞いたりして頭で知っているということと、「それを実践する」ということは、まったく違うからなのです！　少なくとも、スタジアムの観客となって、ともにリアリティを感じましょう。できるなら、プレーヤーとなりましょう！　三軍、二軍からのスタートでよいのです。そして一軍を目指しましょう！

アセンションとは、本質は「ライトワーク」（光の仕事。高次の仕事。宇宙への奉仕）なのです。その動機は、「愛」です。

アセンションという言葉を知っているだけ、それに関する本を読んでいるだけでは、真の前進はできないことは明らかです。自らがはっきりと意識して宣言し、アセンションの道に一度《ひとたび》入ったなら、必ず明確な変化が訪れます。

真の学びとは、体験であり、感動です！　本を読み、高次の地上のポータルであるマスター方から教わって進めるだけのものではなく、自分で実践し、感じて初めて、自分のものとなっていくのです！

そして、あなたのハイアーセルフとすべての高次は、その「意図」「動機」を常に重要視します。アセンションにおいては、自己のハイアーセルフ、及び多くの高次のマスター方とのコンタクト、そしてコ・クリエーションが、自己と全体（宇宙）のアセンションそのものとなっていくからです！

本書が、皆さんのアセンションにプラスとなるなら、望外の喜びです。

ファースト・コンタクト

アセンション日記

ハイアーセルフ&ハイラーキーとのファーストコンタクト　―Ｌｏｔｕｓの場合―

このアセンション日記のメイン・テーマは、『ハイアーセルフ&ハイラーキーとのコンタクト』です。アセンションに関心があるライトワーカー入門者の皆さんも、すでに実践を進めている皆さんも、共通して、「非常に関心がある」ことではないかと思います。

通常でも皆さんは、多かれ少なかれ常に、「何か」をチャネリングしていると言えます。あなたが何か考える時。インスピレーションがひらめく時。啓示を受ける時。その情報は一体、どこから来るのでしょうか？

物理的な脳みそという感じはあまりしませんね。

ではどこから？　感情？　心？　エゴ？　記憶？　思考？

「真のあなた」「高次のあなた」「永遠のあなた」という存在があるとすれば、いったいどこにいるのでしょうか？

それは、「ハイアーセルフ」（高次の自己）と呼ばれます。その中心は『魂』であり、五次元のレベルです。

そしてその「ハイアーセルフ」についてまずは探求をしていくことが、真のアセンションのスタートとなります！「ハイアーセルフとのコンタクト」と「一体化」が、いかに重要かということが分かってきますね。

「ハイアーセルフとのコンタクト」に関する重要なポイントを、簡潔にまとめてみましょう！

・ハイアーセルフとは、地上の自分から観ると、自己の高次の最初のレベルであり、「永遠」の存在である自己の「本体」、「本源」の、最初のレベルである。それは『魂』であり、五次元のレベルである。

逆に、高次から観ると、高次からアクセスし、つながることができる最初のレベルである！

・ゆえに、「アセンション」達成の基礎となる最初のレベルとは、この「ハイアーセルフとのコンタクトと一体化」となる。

・すべての高次と、そのネットワークとのコンタクト、コ・クリエーションは、唯一、この「ハイアーセルフ」を通してなされる。

・基本であり、中心となる「ハイアーセルフ」は『魂』であり、そのゲイト（門）は、ハート・センターであり、「愛」である。（魂は、神の全き分御魂、分身であり、特に日本に住む人々にとっては重要！）

・そして、ライトワーカーとしての本格的なアセンション達成の明確な最初の『指標』は、次の二つである。

一・ハイアーセルフとのコンタクトが、常に明確にできること。

二・地球ハイラーキーのマスター方とのコンタクトが、常に明確にできること。

・そして、アセンションの入門とスターゲイトの通過には、その「意図」「目的」が重要である！　なぜなら、それが、自己のハイアーセルフと高次のネットワークの「意図」「目的」と合致した時こそ、真の『ファースト・コンタクト』が起こり、無限の『アセンション・スターゲイト』が開き、アセンションが達成されるからである！

ある程度のアセンションと実践を進めてきているライトワーカーの中では、この偉大なるボーダーライン＝ファースト・コンタクトの突破が今、最も重要であり、まさにその直前の人、扉の真ん前に来ている人たちが多いのです！　Ａｉ先生との学びでは、ハイアーセルフ連合と高次の要請により、そのためのサポートが最大限に行われています。そして今、多くの人々が、大いなる歓喜と感動の中で、実際にその扉を開いています！

そして、本書を読まれている多くの皆さんは、実はハイアーセルフや高次とのコンタクトを、すでに何らかの形で行っています！

しかし、これから最も重要となる「フルコンシャス」（すべてのレベルで覚醒した意識。地上セルフの顕在意識を伴うものを言う）でのアセンションの場合、とても繊細な感覚が必要となるので、ソース（源）の判別やその活用に、いくつかのコツをつかむことが有効です。それらの多くは、地上セルフにとって最も自然な直観、インスピレーションと同じような周波数の波動域です。

皆さんの参考となるように、Ｌｏｔｕｓのアセンション日記と、「ファースト・コンタクト」について、記していきます！

宇宙のハイアーセルフの降臨

宇宙お誕生日

それは今から数年前、Ａｉ先生との学びを始めて間もなくのことです。ある日、「謎の国家風水師Ｎ氏」とおっしゃる先生のマル秘の瞑想会に、Ａｉ先生と数名の仲間と参加しました。

Ａｉ先生が動かれる時はいつもそうですが、その時も、宇宙規模でとても重要なイベントであったそうです。（実はこの時の出来事から、数日間の地上セルフの記憶があまり無いので……。〈汗〉）

後にＡｉ先生や「謎の国家風水師Ｎ」先生から聞いた話では、この時の瞑想は文字通りの「地球アセンション瞑想」となり、アインソフをはじめ、ロード・ブッダや、様々な高次のエネルギーが地球に降臨したそうです。Ａｉ先生はそれをサポートするために行かれたようでした。

その瞑想中は、まだ私の地上セルフの修業不足により何かを体感するということができなかったのですが、しかしその終了直後から、今生、そしてすべての自己の宇宙史を併せても初めての大きな体験、変容となっていったのでした！！！

その直後から、一週間くらいの記憶があまり無いのです。周囲にいた人たちの証言では、直後から、信じられないようなことをしゃべり出したそうです。

そして後日、自己の高次のハイアーセルフとの統合が進んだ時に、その時の出来事を思い出しながら整理すると、次のようなものでした。

その瞑想の時に、Ａｉ先生方のアセンション・ワークにより、とても高次のエネルギー空間ができたので、本体であるハイアーセルフが、降りてくることができたようです。宇宙的なお誕生日であると思えましたので、その後ずっと、その日を「宇宙お誕生日」として、最も大切な記念日のひとつとしています！

実はこの時、私だけではなく、同時に三人に全く同じことが起こったのです！　その三人は魂の兄弟と言えるメンバーで、ほとんどの過去生でも兄弟でした。三人とも、トランス状態となってすごいことをしゃべったり……（例えば、自分たちやＡｉ先生、そして謎の国家風水師Ｎ先生の過去世やハイアーセルフについてなどです）

そう言えばその布石として、直前に、関連メンバーが同時にとても重要な過去の記憶を思い出した、という出来事もありました。そしてその出来事から、あらゆるすべてが変わっていったのです！

その「宇宙お誕生日」にまさに宇宙のハイアーセルフが降臨し、まったく新しく生まれた。生まれ変わった、という感じでした！　それ以前の記憶が曖昧というか、まるで過去生のように感じるのです。それ以降は、あらゆるすべてが重要となっていくのですが……！

Ａｉ先生にこのことについてお聞きすると、いわゆるウォーク・イン（地上セルフがフルコンシャスの状態で、高次の存在と一体化する）と同じである、とのことでした。

そして、宇宙のハイアーセルフが地上セルフと一体化した上で、地上セルフの訓練のための本格的なアセンションの学びと実践がスタートしました。

まず最初に取り組んだのは、ハイアーセルフ及び高次とのコンタクトのための、創始のアインソフの流れをくむアセンション・ツール（三つの神聖なツールが一体となったもの）についてでした。また、霊・魂・体の三位一体や、スピリチュアル・ハイラーキーや神界について、その他、アセンションに必要、重要な様々なことについて学び、地上セルフの顕在意識としても、少しずつ理解していきました。

しかし理論を理解し、ある程度の実践ができても、地上セルフのフルコンシャス（顕在意識）をともなった、本格的な「ファースト・コンタクト」はまだである……、と感じていました。

そして様々な努力と困難（と笑い？）をへて、ようやくその日が訪れたのです！！！

それは、２００８年の春のことでした！　その頃、仲間たちとハイラーキーとの活動も最高潮に達していました。

ある日、Ａｉ先生が私に、「そろそろハイラーキーとコンタクトできるよ！　ハイラーキーもそう言っているから」とおっしゃるのです！　そんなことを言われても……（汗）と思っていると、Ａｉ先生は、次のようにおっしゃいました。

「まず、地球のセントラル・サンと一体化しなさい。そして、地球のハート・センターである、ロード・キリスト・サナンダと一体化しなさい。その愛と光のエネルギーと一体化し、それを受け取りなさい！」

しかし、なかなか地球のハート・センター、ロード・キリスト・サナンダのエネルギーとつながることができずに、しばらくは悶々とした日が続いていました。

そしてある日ようやく、いつも行っているアセンション・ツール（三種の神器）の瞑想の中で、ハートの中心と『魂』に、本格的に意識を集中することができるようになりました！　その時、これが「センタリング」と呼ばれるものだと理解しました。

その状態で数分たった頃でしょうか……。胸の辺りに何やら強い、「意志」のようなエネルギーが湧きあがってくるのを感じました！　それは「愛の意志」、「愛の情熱」のような、素晴らしいエネルギーでした…

…！とても自然なものでありながら、初めて体験する感覚でした！

そして、内なる魂の中から、ある『言霊』が湧きあがってきたのです！（高次のエネルギーを翻訳するのは、魂の力なのです！）それはとても繊細で、同時に、とても力強いものでした。一見、自分の奥深くの魂から湧きあがってくるようで、でもそれ以上なのです！　自己の魂と完全に調和、同調し、自己の魂もその一部であり、ともに創造しながら、さらに遥かなる高次の莫大なエネルギーを感じるものでした！　多くの人のフルコンシャスにおけるファースト・コンタクトの場合と同様、最初は莫大なエネルギーと情報が圧縮された短いメッセージと意味のように感じました。

（より高次になるほど、波動量と情報量が大きくなりますので、フルコンシャスの場合は特に、「圧縮ファイル」のような感じで来ることが多いということを、後にＡｉ先生から教えていただきました！）

そのファースト・メッセージの主旨は、次のようなものでした。

『あなたの探求には、深さが足りない！　学びとは、体験である！』

……それはなんと、アセンディッド・マスターのエル・モリヤからでした！

メッセージの最後には、マスター・モリヤご自身が、「神の意志の第一光線であり、光の守護・ポータル」と署名されました！

ロード・キリスト・サナンダのエネルギーにつながろうとして、長い間、悶々としていたから見るに見かねて?!（笑）なのか、マスター・エル・モリヤがコンタクトしてくださったのです！

そのメッセージの内容と本質は、とても厳しいものではありましたが、計り知れない意志と叡智のエネルギーと、強い愛を感じました！　それは、その時の自己の中今に、最も必要で、重要なものだったのです！

圧縮ファイルのようなそのメッセージの膨大なエネルギーと情報を解凍し、翻訳していくと、次のようなメッセージ文となりました！　それまでの自分、地上セルフでは、絶対に考えつかない内容であり、とうてい書けない文章でした。

スピリチュアル・ハイラーキーからのメッセージ　アセンディッド・マスター　エル・モリヤ

「道」


今回は、「道」を与えるために話をしよう！

それは、高次の高度な内容ではなく、宇宙で最もシンプルな基本法である。

あなた方の多くは、今までの人生を振り返ってみて、「真の習得」というものが全くできていないということに気づいているだろう！

それは、疑問に思った事や勉強すべき事などの、あらゆる事に対して、「深く探求」していないし、探求して来なかったからなのだ。

だから、いくらやっても出来ない、やっても意味がないと切り捨てて、前進しなかった。

本来、真面目に「深く探求」すれば、必ず「真の習得」ができるはずなのに！

宇宙の偉大な先人であるマスター方とあなた方との違いは、とてもシンプルである。

それは探求の「深さ」であり、真剣さの「度合」なのである！

試しに、一つの事柄を深く、深く、じっくりと探求し、真に極めてみれば良い！

その時あなた方は、先人たちが如何なる真剣さを持って物事を深く探求していたのかを、真に理解するであろう！

先人達の「深さ」と、自分の思っていた「深さ」の距離を、ぜひとも感じていただきたい！

「学び」とは、「体験」であり、学習した後に、自分が同じ体験をして、初めて「習得」したと言えるのだ！

いくら素晴らしい講義に出席しても、話を聞くだけでは、全く学びとは言えない。

これは、アセンションについても言える事である。

それでは私はここで暇《いとま》しよう！

すべてのライトワーカーに真のポータルが開かれる事を願って！

神の意志の第一光線であり、光の守護・ポータルである
アセンディッド・マスター エル・モリヤ

これが、私のハイアーセルフを通しての高次のマスター方との記念すべき「ファースト・コンタクト」であり、ハイラーキーのマスター方からのファースト・メッセージとなったのです！

それ以降、ハイアーセルフ（自己の中心）と高次からのエネルギーにつながり、メッセージを作成している時は、魂とハートがこの上なくワクワクし、疲れを全く感じないということが分かってきました！　むしろ、無限にパワーアップしていくのです！　そう！　これが、真の自己のエネルギーなのです！

アセンディッド・マスター エル・モリヤからのメッセージは、厳しくはありますが、愛に溢れたものでした。それ以降しばらく、エル・モリヤからのコンタクトと教えが続いたのです……。ロード・キリスト・サ

ナンダのエネルギーと本格的につながるための、訓練と準備を施してくれました。

Ａｉ先生の無限に不思議なことのひとつが、これです！「できるよ」と言われた瞬間に、すぐにできる……！　他の仲間も、みんながそうなのです。

Ａｉ先生は、本当にすべての高次と常につながっていて、そのサポートがあるんですね。さらに、Ａｉ先生は、高次のエネルギーとのメイン・ポータルの役割を持っているので、「ＯＫ」の判断をハイラーキーから任されているとのことです。Ａｉ先生がＯＫと判断すれば、高次からのサポートが、可能な限りＭＡＸで発動されるのです。

そしてＡｉ先生いわく、私がハイラーキーとコンタクトできた最も大きな理由は、「アセンション・ライトワークとして、ハイラーキーからのメッセージを受信し、『人々のアセンションために役立てる』『みんなとシェアする』という、明確な目的と場を準備したから」とのことでした。まさにそれが、「アセンション＝ライトワーク」という、アセンションの最大の法則の現われなのです。

こうして、私は無事「ファースト・コンタクト」を体験し、その後もますます、アセンション・ライトワークに励んでいきました。

が、しかし……、アセンションは一日では成らず！　そう簡単には行きません。地上セルフの面もまだ多大に残っているという課題もありました。

アセンションに関する、様々な重要なテーマ。そして、地球のセントラル・サン、ロード・キリスト・サナンダのエネルギーとコンタクトするという命題をクリアしようと、再び悶々とした日々……。

私の地上セルフも、「フルコンシャスでの高次の繊細なエネルギーの窓口、糸口（訓練が進み、本格的なコンタクトとなると莫大なものとなる）」を完全につかむのが困難であると感じていました。

そして、アセンションの重要なテーマである、「エネルギーを感じる」ことに、必死になって取り組んでいた時……、な、なんと、マスター方が、突然に笑いだしたのです！（ショック！！）

マスター方が言うには、（私の様子が）「滑稽である」と！（ガ――ン！！）

そして、その時にマスター方からいただいたメッセージが、次のものでした。


スピリチュアル・ハイラーキーからのメッセージ　アセンディッド・マスター　エル・モリヤ

「エネルギーを感じる」


今回は、「今までに一度もエネルギーを体感した事がない」と思い込んでいる人たちへ、光を与えるために話をしよう！

まず最初に、次のことを理解してほしい。エネルギーとは、「明確に存在」しており、「明確に感じる」ことができるものである。

そして、エネルギーは「系統化」され、「システム化」されて、宇宙のあらゆる場所に存在しているのだ。あらゆるすべての存在と空間は、エネルギーで満ち溢れている。

ゆえにあなた方は、エネルギーの海に完全に浸かっている状態であると言える！

自身がエネルギーの集合体であるにも関わらず、「エネルギーを全く感じない」とあなた方がぼやくのは、真実を知っている者から観れば、実に滑稽なのである！

エネルギーを体感する事は、非常に重要なことであり、それができなければ、チャクラの活性化さえも出来ない。

ではここで、エネルギーを体感するための基礎について話そう。

エネルギーを体感するための第一歩は、その対象に焦点を合わせ、「明確にイメージをする」ことである。

その明確さの「深度」が、エネルギーを感じる「感度」となるのだ！

では、エネルギーを「イメージする」という事について、私とともに深く考察してみよう！

「イメージをする」とは、自分の中に、その対象物を明確に想像し、創造することである！

つまり、エネルギーを感じるということは、対象物のエネルギーに、自己のエネルギー（周波数・振動数とそのレベル）を合わせ、自己の中に、対象物と同じエネルギーを創り出し、そのエネルギーを感じるということなのである。

これがすなわち「自分のエネルギーしか感じることができない」という意味の本質なのである！

ゆえに、自分の持っているエネルギー以上のものは、真には感じることができないのだ！

だから私は皆さんに、より高度なエネルギーを体感したいならば、自己のエネルギーの高さと幅を広げることが、一番の近道であると助言するのである！

そして最後に、一番大事なことは、エネルギーを明確に体感できたと自分が感じるまで、徹底的に「深く探求」することである！

それでは私はここでお暇しよう。すべてのライトワーカーが、真の体感を得られる事を願って！

神の意志の第一光線であり、光の守護・ポータルである
アセンディッド・マスター　エル・モリヤ

このように、マスター方にさんざん笑われ、マスター方の笑いのソース（?!）にもなりながら、次のメッセージと学びを経て、いよいよ念願の領域へと入っていったのです……！

スピリチュアル・ハイラーキーからのメッセージ　アセンディッド・マスター エル・モリヤ
スピリチュアル・ハイラーキーへの「入門」

今日は、皆さんに重要な話をしよう！

それは、我々の世界への真の「入門」についてである。

世の中では、我々のメッセージを聞いたり、そのような集まりに参加するだけで、「入門」を果たしたと勘違いしている者がたくさんいる。

だが、その者達は、ただ他の者より感性が優れているため、我々が放ったメッセージを、幸運にも拾うことができたにすぎない。

我々のメッセージの一部は、「入門」のための「備え」をさせるものであり、合格証ではない。

ハイラーキーの「入門」に、必要なことはたくさんあるが、シンプルにまとめると次の二つである。

「自己の明確なコミットメント（宣言）」と、「我々からの呼びかけ（召喚）」である。

その二つが一致した時に初めて、「門」をくぐることができるのである。

そしてそれは、自己の内部で「明確に分かる」ことであり、本人が自覚できることなのである。

我々や、他のマスター方も皆、このようにして、この門を通って来ているのである。

この道には、一つとして例外は存在しない。

真のアセンションを望むなら！

真にアセンションに臨むなら！

あなたが真に我々とのアセンションのコ・クリエーション（協働創造）を望み、臨むなら！

まずは「入門」に必要な条件を、今回のメッセージを基に考えてみてほしい！

「何が必要か」！

「どのようにすればよいのか」を！

（くれぐれも「考えない輩」にはならないように！）

それでは私はここでお暇しよう。すべてのライトワーカーが、真の道を進む事を願って！

神の第一光線であり、愛と光と意志と叡智のポータルである。
アセンディッド・マスター　エル・モリヤ

そして……！　いよいよ、ロード・キリスト・サナンダとのコンタクトとなっていったのでした！

スピリチュアル・ハイラーキーからのメッセージ　ロード・キリスト・サナンダ
「愛の光」（一）
「愛」の中心から、その無限なる光とともに、皆さんにメッセージを伝えにきました！

皆さんは、これまでの宇宙史の中で、愛について、長い間、その答えを求めてきました。

愛とは、「明確に存在しているもの」です。

あなた方自身。そして我々の本体は、「愛」という光そのものから生まれた、「愛」そのものなのです！

「愛」とは、「一なる至高の根源」そのものであり、はじまりであり、おわりであり、〝すべて〟なのです。

我々は、宇宙の創始に、その「愛の中心」から生まれました！

「愛」を成就させるために！

「愛」そのものとなるために！

愛とは「不変」で「普遍」。

愛とは「永遠」で「無限」。

そして愛は光。愛とは信頼。叡智。勇気！

皆さんが、その本来であるフル・コンシャス、「完全なる目覚めた意識」へと帰還した時、その真の愛のエネルギーの大きさに驚くでしょう！

愛はあらゆる空間に満ちており、すべての意識とエネルギーの媒体であるので、「愛」という名の「スターゲイト」の門を開いた人は、あらゆるすべてとつながることができるようになるでしょう！

そして我々と、真につながることができるでしょう！

我々も、皆さんも、「愛」の一なる至高の根源から生まれた、同じ「愛の存在」なのですから……！

まだ少し振動数が違うだけなのです。

我々は常に、皆さん一人一人のハートのセンターに存在しています。

そして皆さんの真なる呼びかけを待っています！

アセンション・ライトワークで行き詰まった時や、困った時は、内なる我々に呼びかけてみて下さい！

きっと力になることができるでしょう！

ではまた近いうちにお会いしましょう！

愛する皆さんへ
愛と光のゲイトより

ロード・キリスト・サナンダ

アセンディッド・マスター　エル・モリヤと、ロード・キリスト・サナンダは、古今東西において最も著名なマスターであり、いくつかの名で呼ばれています。

この二大マスターは、一人一人のアセンションと、総合・統合的な地球・宇宙アセンションにおいて、現在、そのメインのサポートを担当されている最も重要なマスター方です。

ですから、宇宙アセンションにおいては、必ずこの二大マスターとの関わりが出てきます。

その本格的な関わりとコ・クリエーションは、真の「アセンション・ゲイト」である「アセンションの入門」と「基礎」以降のものとなっていきますので、ここでは簡単に分かりやすく説明します。

この二大マスターは、これまでの地球・太陽系・銀河・宇宙のスピリチュアル・ハイラーキー（宇宙の進化）のシステムとは別に、今回の特別な宇宙最終アセンションにおいて、その様々な側面のメイン・サポートを、根源（最高）神界からの要請により任命されました。

このマスター方が現在、すべてのレベルにおいて、スピリチュアル・ハイラーキーを代表するマスター方であるからです。

すべての存在は、多次元的です。我々も、そしてマスター方も。

そしてこの二大マスターのトップ＆コアは、ＮＭＣ（新マクロ宇宙）評議会に属しており、新宇宙弥勒神界、新アインソフにも属しています。

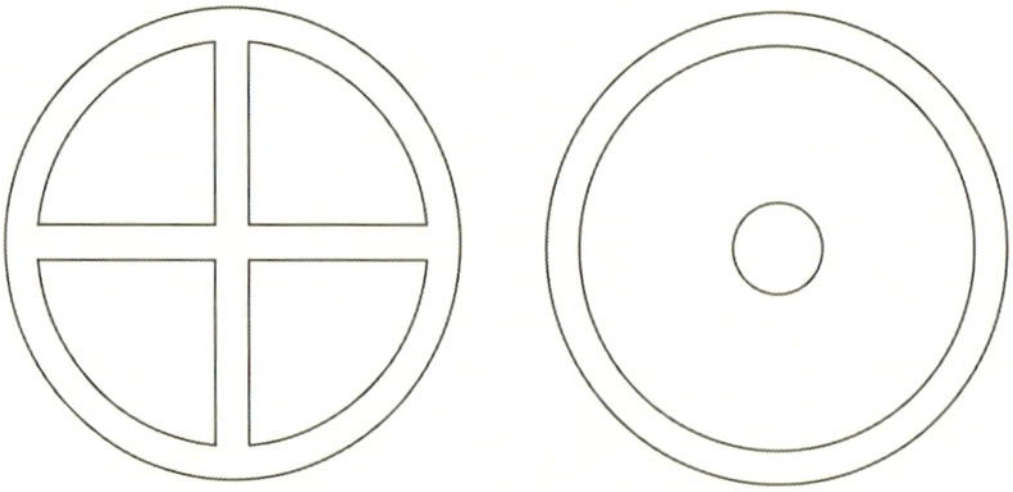

マルテンとマルジュウについて――新・マルテンジュウ

ここで、神界と高次の、とても重要であり奥義でもある内容について、わかりやすくお伝えしましょう！

『神界』、そして「宇宙」とは、「マルテン」の図で表されます。それは宇宙創造神の象徴であり、宇宙の構造、太陽系の構造であり、最もミクロでは、皆さん一人一人のミクロコスモス（『魂』）や、原子などを表します。

（この「マルテン」は、超古代の創始より、「はじめ」の母音であり、宇宙創生の言霊である「あ」の音をあらわす文字でもあります。）

ゆえに、「マルテン」とは、最もシンプルに言うと『神界』です。

（そしてこの「マルテン」が活動している様子が「マルチョン」です）

では次に、「マルジュウ」の図を観てみましょう。これは主に古代から西洋で使わ

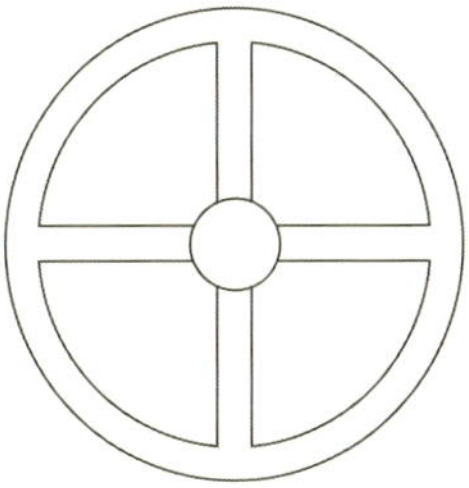

れている象徴です。

簡単に述べますと、この「マルジュウ」の宇宙的な本来の意味とは、「マルテン」の『神界』に対して、宇宙の縦・横のネットワークである「天界」、「スピリチュアル・ハイラーキー」を表します。天界、天使とは、神界の仕事をする存在であり、神界の使者であり、神界と我々をつなぐ存在です。「父と子と聖霊」の三位一体の「聖霊」ですね。

そしてこれから重要なのが、その二つを一つにした、「マルテンジュウ」のシンボルです。これはまさに、その二つが一つとなったものです。それが、現在とこれから、すべての存在が目指す所のアセンションのシンボルなのです！

『神界』を中心に、天界と統合されたもの。

それが、中今とこれからのアセンションに最も重要な、神と天と人が一体となった状態である、『神人』を表すシンボルです！　これに関しては、様々な無限のレベルがありますので、今はまず、その重要なことをぜひ覚えておいてください！

宇宙アセンションにおける二大マスター
——アセンディッド・マスター エル・モリヤとロード・キリスト・サナンダについて

さて、今回の宇宙最終アセンションをサポートする二大マスターの、アセンディッド・マスター エル・モリヤとロード・キリスト・サナンダについて、宇宙の究極の「マルテンジュウ」のシステムで観てみましょう。

簡単に述べますと、アセンディッド・マスター エル・モリヤは、「宇宙アセンションの縦軸」、アセンションの柱そのもののサポートであると言えます。アセンションの入門、基礎から応用まで、すべてのサポートです。

現在、通常は十三次元の領域におられます。

そしてロード・キリスト・サナンダのエネルギーのトップ&コアは、「セントラル・サン」のエネルギーです。ハートの中心。惑星の中心。そして宇宙のセントラル・サン。このセントラル・サンの領域は、ミクロからマクロまで無限大です。

そして、ここの宇宙と新アセンション宇宙（ＮＭＣ）をつなぐ、十二次元の「アセンション・ゲイト」の守護者でもあります。光線としては、十二次元の黄金の光そのものでもあり、黄金のアセンションの柱そのものでもあります。

さらに、あえて言うなら、神界の「マルテン」に対し、スピリチュアル・ハイラーキーの総体とは、宇宙の「マルジュウ」（天界）の「縦軸」であり、我々のハイアーセルフ連合である宇宙連合は、「横軸」であると言えます。これらすべてが宇宙とアセンションの中で重要なのは言うまでもありません。

そして、さらに言うならば、アセンディッド・マスター エル・モリヤは、神の意志と叡智の側面（光線）を主に担当しており、ロード・キリスト・サナンダは、神の愛と光のエネルギーを主に担当していると言えます。

その二つは、まさに「表裏一体」「力愛不二」です！

このように、今回の宇宙最終アセンションにおいて、スピリチュアル・ハイラーキーの中では、この二大マスターのサポートとそのつながりがとても重要です。

真のアセンションの入門、そしてその過程に本格的に入ってくると、必然的につながると言えます。

さらに、この二大マスターは、今回の宇宙最終アセンションにおける、個々と全体（地球、宇宙）への最大のサポートを明確に宣言されています！　そして、それに関わる参加メンバー全員へ最大のサポートを！

ゆえに、アセンションにおける多大な学びと進化と変容が可能となっているのです。

皆さん、ぜひとも「今」すぐに、スタート、トライして下さい！

では次に、高次のスピリチュアル・ハイラーキー他からの、その後の膨大なコンテンツの中から、主に初期のものをいくつかシェアさせていただきます。

スピリチュアル・ハイラーキーからのメッセージ

――ロード・キリスト・サナンダ――

「愛の光」（一）
今日は、少し重要な話をしに来ました！
この宇宙には、「揺るぎなき愛」というものが実際に存在します。
それは「絶対」、「永遠」、「不変」の愛というものです。
その事を、毎瞬、毎瞬、「深く探求」してみて下さい。
自己の奥から湧き出でる、ハートの情熱を、エネルギーで感じてみて下さい！

そして、あなたの愛が、宇宙に向けて、「揺るぎなき愛」へと変容した時、あなたの中で、長く閉じられていた、「ハートの門」が開くでしょう！　そしてその門は、永遠に閉じる事が無く、愛を放射し続ける事でしょう！

その愛は、宇宙の隅々まで到達し、あらゆる存在に届くでしょう！　そしてあなたは、その宇宙の愛の海の中で、光輝く、不滅の愛の「灯台」となるでしょう！

あるゆる存在がその光を目指し、あらゆる高次の存在が、あなたを助けるために、あなたを訪れるでしょう！

永遠に閉じる事のない、ハートの門から、「永遠に揺るぎなき愛」を放射し続けて下さい！

それが、我々とあなた方の間の、唯一の架け橋となるのです！

なぜならば、あなた方自身の真の本源である我々とは、「永遠に揺るぎなき、絶対不変の愛」そのものであるからです！

それでは私はここでお暇します。

皆さんの愛の光による変容を、心の底から応援しています！

愛する皆さんへ

愛と光のゲイトより

ロード・キリスト・サナンダ

――アセンディッド・マスター エル・モリヤ――

「意志」

皆さんに、とても重要な話をしよう！

今回は、「意志」というものについてである。

ゆるぎなき「意志」というものは、明確に存在する。

逆に言えば、途中で崩れるような「意志」は、「真の意志」ではない。「意志」とは、「愛」と同じく、この宇宙とあなた方にとって、最も重要なものである。

なぜならそれは、「創造の源」そのものであるからである！

「意志の愛」「愛の意志」

それは、あなた方自身のみならず、宇宙を突き動かす原動力そのものなのである！

それは、神が宇宙を動かす推進力なのである。

「意志」とは、他の誰かから与えられるものではなく、自己の本質という泉から湧き出でる、自主的な力だからこそ大事なのである！

私という存在は、言わば神の「意志の愛」「愛の意志」の側面そのものであると言えるだろう！

ゆえにしばしばあなた方には、私の意見は少々厳しく聞こえるかもしれない。

しかし、ぜひ次の格言を覚えておいてほしい！

「神の『ゆるぎなき意志』『意志の愛』『愛の意志』を真に身につける者は、ゆるぎなきマスターへの道を進むだろう」

それでは私はここでお暇しよう。すべてのライトワーカーが、真の道を歩むことを願って!

神の第一光線であり、愛と光と意志と叡智のポータルである
アセンディッド・マスター　エル・モリヤ

このようなプロセスを経て、ハイアーセルフを通して、マスター方のメッセージやエネルギーを受け取っていけるようになりました。

それはまさに、「愛」「光」「歓喜」「意志」「叡智」「創造」「調和」「美」そのもののエネルギーであり、感じたそのままを表現していけばOKである、ということがだんだんと分かっていきました。

Ａｉ先生、及びスピリチュアル・ハイラーキーのマスター方は、アセンション・ライトワーカーの「中今・最新」、そしてトップ&コアの「瞑想」について、次のように述べています。

真の瞑想とは、高次（評議会）との企画会議であり、それとのコ・クリエーションである。

（ですから、これまでに地上で伝えられてきたものの多くは、その「準備段階」にすぎない、ということなのです。）

アセンションの唯一最大の法則。

それは、アセンション＝ライトワーク!!!

ゆえに、真のマスター方とのコンタクトは、ただ単に、座して何もしない状態の時ではなく、人々や地球

や宇宙、そしてそのアセンションについて考えている時、そのためのアクションを起こした時にやってきます！

そして、高いレベルの内容と波動を受け取るには、常に自身（地上セルフ）がその状態でいなければならず、Ａｉ先生は、このような状態を二十四時間常に保ち続けているので、すごい！　とあらためて実感しました。

さらに、各マスター方の様々なエネルギー（個性、役割）等についても、少しずつ分かっていきました。マスター・モリヤは、宇宙の意志とアセンションのエネルギーそのもの。ロード・キリスト・サナンダは、宇宙の愛と光のエネルギーそのもの。マスター・イエスは、透き通った水のようなエネルギー。サナート・クマラは、クリスタルのような繊細で高いエネルギー、という感じです。

そして今、「宇宙と地球の悠久の歴史の中で、今という時期の意味と重要性」について、そして「フルコンシャス」について考えていましたら、サナンダ先生から、次のような最新のメッセージが届きました！

スピリチュアル・ハイラーキーからのメッセージ
根源神界、ＮＭＣ評議会、スピリチュアル・ハイラーキー、ロード・キリスト・サナンダ
『ファースト・コンタクト』――フルコンシャスにおける高次とのコンタクト

皆さんの中には、ハイアーセルフやハイラーキーとの『コンタクト』を、少しでも実感した！　という人もいれば、謙虚であるがゆえに、「自分がマスターのチャンネルなんて、とても……」とか、「チャネリングとは、とても高度なレベルもの」「選ばれた人にだけ可能なのでは？」と、思っている人も多いと思います。

でも、次のことをご存じでしょうか？

現在の地球の状況において、そして悠久の宇宙史、地球史の中における学びにより、この本を読んでいる皆さんのほとんどが、ハイアーセルフやハイラーキーとのコンタクトをすでにできるレベルと時期に来ているのです！！！

このことをぜひ覚えておいてください！

準備ができた人から、我々もすでにコンタクトとサポートを開始しています！

その「準備」とは、まずは『心』の準備です。

そして次に、必要な「スキル」の習得です。

それらを得られるようにするためのアクションです。

さて、皆さん！

多くの皆さんが、ハイアーセルフやハイラーキーとのコンタクトを「難しい」と考えているようですが、実は難しいことではないのです！

しかし、そこにはいくつかの要素があります。

その要素とは、今回の最終アセンションで最も重要となる「フルコンシャス」と関係します。

フルコンシャスとは、すべてのレベルで完全に目覚めた状態であり、すべてのレベルと顕在意識で常につながっている状態を言います。

それはまさに、高次と一体化した「メタ・ヒューマン」であり、神と一体化した『神人』を指します。

これまでの地球では、高次とのチャネリングを行うためには、祈祷や瞑想など、様々な儀式を前準備として行っていました。そして、トランス状態に移行した際に、メッセージを受け取っていたのです。そのような場合は、本人の顕在意識には記憶が残っていないのが普通でした。

しかし、一人一人と全体のアセンション・ライトワーカーによるワークの成果により、現在のここの宇宙と地球の時空では、すべてを統合したフルコンシャスによる新しい形態のアセンションと、そのスターゲイトである、「ファースト・コンタクト」が始まっています！

そして、そのためには「フルコンシャス」が重要なのです。「フルコンシャス」のみが、それを達成できるのです！

それには、深遠な理由があります。

まず一つめは、皆さん自身の（潜在）意識と、ハイアーセルフがそう望んでいるからです。そして、天界と神界が、そう望んでいるからです。なぜなら、皆さんに、真に「目覚めた」意識でそれに臨み、無限大の愛と光と歓喜を体験してほしいからです。

二つめは、皆さん自身の安全対策でもあります。

過去の超古代文明と言われる時代の各周期の終わりには、現在のミクロ版である部分的なアセンションが必ずありました。その際にも、やはりそれを妨害する勢力もあり、自身が望まないのにトランス状態となって間違った側につき、苦い失敗を経験した魂もいたのです。

今回は、皆さん一人一人が、「完全に目覚めた意識」で、皆さん自身が、明確に「選択」するのです！！！

そして、三つめが最も重要であり、今回の地球・宇宙の最終アセンションの奥義であり、理由となっています。それは……。

人。霊止。日戸。

自己の太陽である魂・ハイアーセルフと一体化して真の『日戸』となった皆さん自身が、フルコンシャスになった時に初めて、宇宙の創始の目的である「宇宙」の雛形、『神』の雛形へと近づき、最終宇宙アセンションへ至ることができるのです！

それがあなた方という存在の「真の姿」であり、「真の秘密」であり、「真の目的」であり、「最大の歓喜」なのです！

ですから、今回のようなフルコンシャス状態におけるアセンションは、史上初めてのレベルと規模であると言えるでしょう。それゆえに、ハイアーセルフやハイラーキー等の高次との内なるコンタクトを、『ファースト（最初の、最も重要な）・コンタクト』、意識の『スターゲイト』のオープンと呼ぶのです。

これが、さきほど述べた最も重要な、第三の理由を表すものなのです。

これまでに述べたように、フルコンシャス状態におけるアセンション、そしてそれに伴うチャネリング（高次との対話）は、とても繊細なものでもあり、初期の段階においては、必ずしも明確に感じる取れるわけではありません。

それらのポイントを「思い出し」、活性化させるためには、多くの場合、特定・特殊なノウハウや専門的なサポートが必要となります。それらとアクセスするためには、内なる光の導きで進んでください！

さらに付け加えますと、皆さんの多くは、我々からの「ファースト・コンタクト」の招待状や、「サイン」をすでに受け取っているにも関わらず、見逃していることが多いのです。

我々は、今、「宇宙共通の言語」で、それを送っています！

それは、宇宙のすべての存在が、本来持っているものです。

そう。それは「愛」「光」「歓喜」。

そしてワクワクするエネルギーです！

あなた方が、自身のハートと魂の門（ゲイト）を真に開いた時、その時に、あなた方はそれが真実であり、
それが、唯一最大の「アセンション・スターゲイト」であることを体感し、理解するでしょう。

真のあなたとコンタクトしてください！

真のあなた自身を表現してください！

我々はもう、扉の目の前まで来ています！！！

我々は、今、扉の前であなたを待っています！！！

最愛なる子供たちへ
無限の愛と光をこめて
根源神界　ＮＭＣ評議会
スピリチュアル・ハイラーキー　ロード・キリスト・サナンダ

神界とのファースト・コンタクト

このように、ハイアーセルフとハイラーキーを通した学びと実践が続いていきました。そしてある日、「日本人として、最も重要なファースト・コンタクト」の時がやってきました！　それは、神の分身、分け御魂、全き神の子である自己の『魂』を通した、神界との本格的なコンタクトです！

日本人、そして日本のミッションにとって、神界とのコンタクトは最も重要です。なぜなら日本は、地球の雛形であり、地球は宇宙の雛形であるからです（白峰先生のご著書「日月地神示」にもありますように）。

そして、Ａｉ先生と根源太陽神界は、次のように述べておられます。

「永遠無限の真理から観ると、日本とは『日の本』であり、実は『太陽』の雛形である。それが究極の真実であり、究極の秘密であり、神界とアセンションの奥義である！」と！

それが、「人」（日戸）の究極の真実につながっていくのです！「日戸」。太陽の扉。それがあなた方の『魂』なのです。それが神界への扉であり、神界の一部そのものなのです。魂とは、太陽そのものなのです。

日の本は太陽の神国。黄金の神国です。黄金龍体が動き出す時、それが天鳥船（あめのとりふね）、太陽の船となります。それが、地球をアセンションさせる船なのです！

そして、そのエネルギーを創っていくのが、皆さんの『魂』です！　それが、日本、神（やまと）の『魂』なのです！

日本人にとって、魂とは、根源神とつながる究極のポータルであり、その活性化が急務となっています。ハイラーキーのメッセージなどの天界の情報はある程度世の中に出ていますが、特に日本人のための、魂の活性化や神界とのつながりのノウハウについては、これまでは体系化されておらず、オープンにはなっていませんでした。

奥義の一部を、Ａｉ先生の許可を得て少し述べますと、まずはマルジュウ、スピリチュアル・ハイラーキーの高次の体系について学び、体得していきます。これは、「縦軸」となり、高いレベルや波動を身につけるためです。

そして、準備のできた方、希望する方は、『神界』とのつながりの段階に入っていきます。

（＊その前に、自己のハート、魂、ハイアーセルフとの明確なコンタクトが必須です。）

そして、ここからが真に重要な段階に入っていくのです！！！

それは、アセンションＤＮＡの真の起動と活性化です。

そして、神界、それも『皇』（すめら）と呼ばれる、一なる至高の根源からのエネルギーによってのみ、もたらされます。体験した人たちはよく知っていますが、それはこの上なく自然であると同時に、言葉には尽くせないほどの、莫大なエネルギーなのです！

それが、「君が代」と呼ばれる真のエネルギー、皇御親《すめみおや》という、あらゆるすべての創始のエネルギーであるからです。

実際に、いっしょに学んでいるみなさんが、根源神からのエネルギーの流入と、自らの魂を通した神界とのコンタクトによって、文字通りの「アセンション・ワープ」を体験しています！　高次や神界からのメッセージ、神示を受信する人、御神歌が急に創れるようになる人、等々、続出です。

このように、今回の一人一人と宇宙全体の最終アセンションにおいては、その最終目標は、根源神への回帰と一体化であり、その最初のレベルとしての魂の活性化と一体化は、とても重要なテーマとなっています。

そして、このようなことを体系的に学び、体験し、実践しながらのある日……。

Ａｉ先生から、次のようなお話がありました。

「あなたには『やまと歌』が得意なハイアーセルフもいるから、『御神歌』にチャレンジしてみるとよいでしょう！　神界からのメッセージを受け取っていくことができるようになると、神界が言っています」

たしかに、「宇宙お誕生日」の前後の不思議な出来事の一つとして、「地球維新」というテーマである和歌を創った時に、それが吉田松陰の辞世の句とほとんど同じであることを後から知り、自分でもびっくりしたことがありました。その他にも、その前後から、突然いくつかの和歌、やまと歌（日本の和歌の源）が浮かんで、創ったりしていました。

Ａｉ先生いわく、日本の和歌の創始である山上憶良《やまのうえのおくら》と私のハイアーセルフとはつながりがあるそうです。

たしかに、奈良県立万葉文化館で、山上憶良の「大和の国は　皇神の厳しき国　言霊の幸はふ国……」の歌を今生で初めて観た時に、雷に打たれたような、言葉では表現できない衝撃を感じました。

そして中今・最新の神界からのメッセージを受信するべく、エネルギーの調整に入っていきました。

ハイアーセルフやハイラーキーとのコンタクトの時とは違い、魂や神界とのコンタクトは、さらにパワフルな半面、高度で繊細でもあります。そして「歌」というものは、『言霊』そのものなのです！　ひとつひとつの言葉に、無限のエネルギーと意味が込められています。

そして、神界とのコンタクトの最初のテーマは、一なる至高の根源神界に最も関係する、『君が代』をテーマとした御神歌となって受信されました。

さらに、その前置きとして、「やまと歌」および『言霊』を統括するマスターの一人である山上憶良のソースより、『神歌』（やまと歌）に関する次のガイダンスがありました。

『神歌』（やまと歌）について

日本の歌の創始とは「やまと歌」であり、御神歌です。

それは、皇神《すめかみ》のエネルギーそのものである、DNAの変容のエネルギー、進化（神化）のエネルギーをこめたものです。

それが「言霊」の創始でもあります。

古代の人々は、その言霊、「御神歌」、『皇歌《すめらうた》』に、神霊のエネルギーや、重要なメッセージを込めました。

しかし物質文明の時代とともに、いつしか人々はその豊かな感受性を失っていきました。

特にやまと歌＝御神歌、『皇歌』（すめらうた）には、日本の神聖なDNAを目覚めさせる不思議なエネルギーが込められています。

今すでに始まっているように、志を持つ人々は、神と人が一体となった神人となっていくでしょう！

そしてその神人たちが、新たな時代の、新たな神代を創造していくでしょう！

それが、「地球維神」なのです。

そして新たな神歌を創り、それが日月地に響き、壮大なシンフォニーとなっていくでしょう！


そして、神界との本格的なファーストコンタクトとなっていったのです！

神界からの最初のメッセージは、御神歌として受信したのですが、そのあまりにも眩しい光のエネルギーに、最初は圧倒されてしまいました。そして同時に、「神界の思いと願い」を悟り、涙が溢れ、受信中はウルウルが止まりませんでした！

では、その御神歌を記します。

ひつくの歌

神々の　生まれし里の　貴美が世は
千代に八千代に　永遠に
さざれの愛の　よりしろは
まばゆき光の　巌となりて
遥かに望む　再会を
こけのむすまで　待ちわびて
今こそ成せる　ひつく歌
皇御孫命《すめみまのみこと》

（口語訳）『宇宙の根源神と八百万の神々は、自身が生んだ「貴く美しき世界」が未来永劫に広がるようにと、創始の時に、自らの分身である子供たちを魂として旅立たせました。

今、その小さな愛の子供（子神）たちは、次第につながり、神の依代（＊よりしろ。神霊が降りる器、神殿であり、神体や神域を言う。神道では「かんなぎ」（「巫」、「神和ぎ」とも記し、「人」を表す）となって、光輝く太陽のクリスタルのように輝く巌《いわお》となりつつあります。

そして今、悠久の時をへて、待ち焦がれていた皇御親との再会を果たすべく、帰還します。

遥かなる太古より、この願いを忘れないために、ひつく（日月地、日継）の歌というものが、語り継がれてきたのです。』

神界から来たメッセージによると、御神歌には、メッセージを受信する人はもちろん、御神歌を読む人にも、フォトン・レベルでのDNAの変容を可能にする神界の根源のフォトンが込められているとのことです。

そして、その後も重要な節目ごとに、神界からのメッセージや御神歌を受け取ることができるようになりました。そして同じ頃、他の仲間たちも、（A.i先生と高次からのお墨付きと同時に）一斉に受信ができるようになっていきました！　これらは、神界との様々なワークやその動きと連動していきました。では、その他の御神歌もいくつか記します。

神春の言祝《ことほぎ》

日の本の　内なる御魂の　君が陽《よう》は
母なる地球《ほし》と　統合し
千代に輝く　菊となる

さざれの型の　神人は
白き巌の　魂《たま》と伴に
神の岩戸が　成り鳴りて
神の岩戸の　道満ちる
苔むす静寂　破る今
神界も　春の訪れ　香りけり
天津日子

（口語訳）『日の本の国と、日本人の内奥に存在するあなた方一人一人の太陽である分御魂は、母なる地球の核と統合し、永遠に輝く黄金の菊となります。

神人の型となる人々は、自己の魂と一体化することによって、自己の神の戸を開ける合図が鳴り、神の戸を通る準備を整えます。

苔のむすほど長く続いた静寂もついに破られ、神界にも春が訪れるという奇跡が起きました』

五十鈴《いすず》

神人の　創りし波動　高らかに
魂に　響き渡りし　五十鈴の音《ね》
日の本を　生み護る力と　鳴（成）りにけり
天津日子

（口語訳）『神人が創りだす波動は、とても神聖で高く清らかなエネルギーを持っており、魂の響きである五十鈴《いすず》の音色そのものである。

そして、その波動が神人同士で共鳴しあい、日本と魂の中心である五次元の波動とそのネットワーク、そして結界を創るのである』

＊解説：「サナート・クマラと太陽神界より」

今、あなた方にとても重要な変化が起こっている。

それは、あなた方のセントラル・サンである魂が、ネットワークとして本格起動することである。

そして、神界とも真に結ばれるのである。

悠久の昔から現在に至るまで、神界のエネルギーは、巫女や神官によって、その雛形（人）や、石や木に降ろされていた。

そして、神界と地上の媒体の役割を担ってきた。

しかし今後、神界のエネルギーは、物ではなく、魂を通して、日戸（ひと）であるあなた方自身に、直接降りるのである。

神界のエネルギーとは、すべての世界を創り、同時にすべての世界を護る、最高の結界である。

古代より、日の本を護る、強力な結界がある。

それは、太陽神のポータルたちによって創られ、護られてきた。

それは、太陽神の中心、天照皇太神からもたらされるものであり、日の本の中心の魂と五次元波動を生み出すものである。

それは「五十鈴のネットワーク」と呼ばれてきた。「五十鈴」の真の意味、すなわち神意は、神界のエネルギーである魂の「五次元」の波動が幾重にも共鳴している様《さま》である。

五次元波動を持つ者が増えれば、その者たちのポータルが共鳴して、究極の結界、すなわち神界のエネルギーが創られるであろう！

最大の護りとは、「発現」なのである！

そのエネルギーは、地球を五次元に上昇させるエネルギーとなるだろう！

そのエネルギーが日の本を護り、同時にすべての宇宙を護る力となるのである。

そのエネルギーが日の本と宇宙をアセンションさせる力となるのである！

そのエネルギーの大元は、ここの太陽系の神界の中心である八次元から来ており、神国やまとの魂とエネルギーが、本格的に発動するに従って、地球と太陽系は八次元を超えて、上昇していくだろう！

それが地球と太陽系のアセンションの神船、黄金の『天鳥船』となるのである！

Ａｉ先生より、仲間たちに「成り鳴りて」という言霊のお題で御神歌の宿題が出ましたので、「成り鳴りて」という言霊について考えていたら、、『五十鈴』という言霊と御神歌が、魂の振動の音色とともに浮かんできました！

そして同時に、サナート・クマラと太陽神界から、「五十鈴とは、魂の五次元の波動そのものを表したエネルギーであり、言霊である」という、メッセージを受け取りました。そしてスピリチュアル・ハイラーキーも、地上の我々とともに、「神界」について日々学んでいるとのことです。

＊この内容については、Ａ・ｉ先生と太陽神界から加筆頂いており、五次元と八次元のエネルギーが強化されています。

皇《すめらぎ》の言魂《ことたま》

神代より　日いずる天地の　日の本は
天照皇太神《あまてらすすめおおみかみ》の御国なり
皇神《すめかみ》の御魂の幸《さき》はふ御国なり
皇神の言魂《ことたま》の幸《さき》はふ国と
言い継ぎ　語り継がひけり

皇神の　神気溢るる　言魂は
光の御玉の　御神歌と鳴りて
千代に八千代に　天照《あまてら》す
天つ御国と　成りにけり

天津日子

＊解説　神代より、日が昇る天地として祝福されてきた日の本を創造されたのは、皇御親である根源の太陽神、天照皇太神（あまてらすすめおおみかみ）であり、日の本は、天照皇太神の御国である。
そして、その御子であり、神の全き分身、分御魂である魂を持つ人々（神人）が住まう御国である。

そして、神の全き分身、分御魂のエネルギーそのものである、言魂（霊）の御国であると言い継がれ、語り継がれてきた。

皇御親である皇神のエネルギーそのものである言魂（霊）は、根源のフォトン（光子）そのものであり、愛、光、魂、生命そのものである。

今、皇神の子供たち、子孫である皇御孫《すめみま》の魂に、そのエネルギーが満ち満ちて、日の本は、あらゆるすべてをともない、太陽の御国、根源の故郷へ向けて旅立つ！！！

「みちみちて」という言霊のお題が出ていたので、御神歌作成にとりかかったところ、『言魂』という言霊が来ました。とても重要な内容なので、A・i先生経由で、天照皇太神に大幅にサポート・校正していただき、ようやく完成しました。

三位一体

父・母・子
それはあらゆるすべての雛形にして
最も尊く、最も強き絆なり
眩く輝く、三位一体
愛と光の、根源なる

（口語訳）父、母、子とはあらゆるすべての型であり、最も神聖で尊く、最も強い絆である。煌煌《こうこう》と輝く、その愛の絆の源は、神界の父・母・子が一体となった、一なる根源の光そのものである。

＊神界からの解説　父・母・子、特に親と子の関係は、神界の雛形そのものであり、この宇宙で最も神聖な根源の絆である。

なぜなら、（根源の皇《すめら》の）神界と人の関係と同じだからである！　ゆえに、宇宙で最も強く頑強な存在は何かと聞かれれば、それはオリハルコンやヒヒイロカネではなく、その根源のレベルにおける『親子の絆』であると言えるであろう。

神界の親子の間には、愛を超えた愛、光を超えた光、究極の愛と光が存在する。

宇宙の究極の三位一体は、この神界の父・母・子の三位一体であり、あらゆるその雛形の根源である。

菊の真意

はるかなる　時を重ねて　受け継がる
やまとの核の　雛形は
黄金《こがね》に輝く　神魂の
神の誓《うけ》ひの　菊の型
皇御孫命《すめみまのみこと》

（口語訳）神人の核心である、全き神性の型は、黄金色に輝く皇御親の分御魂そのものを表す菊のエネルギーである。

すべてには、中心となる型が存在し、世の理《ことわり》を担っている。

神界の中に凛然と輝く太陽。それが菊の本質である。
それが「菊の理」と呼ばれるものである。
そしてこれが、皇御親《すめみおや》から皇御孫《すめみま》へと、脈々と受け継がれる核心の霊統であり、神人の型を担う者たちの指標であり、目指す座標なのである。

―地球維神の歌―

国常立大神　神事　御事始め

この地球《ほし》を　守り続ける　神体の
うつし鏡の　岐美が代は
千代に八千代に　御光りて
長きに渡る　さざれ世も
巌を育《はぐく》む　御代のため
苔むす雫の　落ちるまで
大地とともに　待ちにけり
日の国もとを　開く今
世を常しえに　照らさんと
奮い立ちたり　地球維神
光雄不二山

（口語訳）この地球を、創始の頃よりずっと見守り続けてきた御神体（＊1）である国常立大神の写し鏡であり、固められた世は（＊2）、あらゆる方向を光で満たしています。

国常立大神は、長き歴史の間、わずかな形跡を残して隠れた形となっていましたが、それも地上の生命が巌のように大きく神化するためであり、苔の雫が落ちるほどの長い間、大地のような忍耐と愛を持って、待ち続けていました。

日ノ本の根源を開く時が訪れた今、新しい世を末永く光で照らし続けるため、悠久の眠りから目覚めた国常立大神が、その神事の御事始め（＊3）である地球維神へと向けて　真に起動し始めました。

（脚注）

1．国常立大神の「御神体」

地球のスピリット……サナート・クマラ

地球の魂（コーザル体）……セントラル・サン

御神体としての地球そのもの……国常立神

2．「岐美が代」

国常立神の願いで、神界の父母なる伊邪那岐神と伊邪那美神によって創られた御代

3．「御事始め」

煤《すす》払いをして正月（天岩戸開き）の準備を始めること

おわりに

以上のように、皆さんのアセンションに少しでもお役にたてばと、Ｌｏｔｕｓの場合のアセンション日記として記しました。

私の場合は、今生で初めてアセンションについてＡｉ先生の元で学び始めてから約三年。そしてハイアーセルフや高次とのチャンネル＝アセンション・スターゲイトが本格的に開いてから、約一年です。

各界のアセンション・ライトワークにより、地球と宇宙のアセンションは日々進行していますので、仲間たちは、その『アセンション・スターゲイト』へのアクセスと、そのアセンション・ライトワークへの展開が、さらにもっと速くなっています！

最も早い人は、Ａｉ先生との学びにご参加されて一か月位で、大きく変容していきます。

では最後に、最新の『神界宇宙連合からのメッセージ』を記して、この章を終わりたいと思います。

一なる根源の愛と光とともに　Ｌｏｔｕｓ

Ｌｏｔｕｓホームページ　http://nmcaa.jp/lotus/

＊各ホームページのＵＲＬは変更されることがありますので、http://nmcaa.jp でご確認ください。

―神界宇宙連合からのメッセージ―

地球アセンション号やまと発進！

あなた方は、どこから来て、どこへ行くのか？

あなたは、何のためにこの星「地球」へ生まれたのか？

それについて思い出してほしい！
今、なぜここにいるのか？
これから何処へ向かうのか？
それについてよく考えてほしい！
何を指標とし、何を燈台の明かりとすればよいのか？
それについて、この本が一筋の光を投げかけるだろう！
思い出してほしい。あなたの「愛」を！
思い出してほしい。あなたの〝光〟を！
思い出してほしい。あなたの『歓喜』を！
それが真のあなたであり、あなたの中心なのだ！
それが宇宙の愛となり、光となり、歓喜となるのだ！
それが地球アセンション号の推進エンジンとなるのだ！
今、地球アセンション号やまとが、まさに発進する！
その船とは、この日の本そのものであり、乗組員は、あなた方なのだ！

神界宇宙連合
総司令官　ロード・キリスト・サナンダ
アセンディッド・マスター　エル・モリヤ

— MESSAGE FROM SHAMBALLA STARFLEET —

Launch the Earth Ascension Ship “YAMATO”！

From where did you come? To where are you going?
For what reason were you born on this planet, Earth?
These things, we want you to remember.
At this moment in time, why are you here?
From now, where are you headed?
These things, we want you to contemplate.
What shall be your signposts, what shall be your guiding light?
These things, this book shall illuminate.
Remember: Your Love.
Remember: Your Light.
Remember: Your Joy.
These things are who you truly are, the center of your being.
These things are the love of the universe, its light, and its joy.
These things are the propulsive forces of the Earth Ascension Ship.
Now, the Earth Ascension Ship “YAMATO” shall truly take off!
For that ship is the origin of the sun, and its crew is you.

SHAMBALLA STARFLEET
Supreme Commander
Lord Christ Sananda
Ascended Master El Morya

※このメッセージは、「謎の国家風水師Ｎ氏」の願いにより英訳されました。

第三章　愛の使者

― 愛と光のメッセージ ―

愛の使者――ハートのマスター連合より

皆さん、こんにちは！　とうとうこの日がやってきました。我々は、皆さんに直接お話ができるこの日を心待ちにしていたのです！

我々は、「ハートのマスター連合」です！

もう少し難しい言葉で言うと、「オーダー・オブ・ハート」（Order of Heart）（ハイラーキーのハート（愛）の騎士団）、「マスター・オブ・ハート」と言います。

皆さんに一番分かりやすい言葉で言うと、〝愛の使者〟です！！！

そして我々は皆さんに、〝愛の使者〟となっていただくために来ました！！！

まずは「ハートのマスター連合」について、お話しましょう！

我々は、あらゆる世界の、あらゆるレベルの「愛」に関わるマスターの連合です。そしてスピリチュアル・ハイラーキー（高次のネットワーク）においては、ほとんどの高次の存在が「愛」に関わると言えますので、ハイラーキーのほとんどすべてが、ここに所属していると言えます！

このネットワークは、「愛」に関わるすべてのマスターが参加していますが、その最もパワフルなサポートは、愛と意志のマスターのエル・モリヤ、愛と光のマスターのロード・キリスト・サナンダ、そして聖母庁などです。

このネットワークは、宇宙の中で、「愛」に関わる重要な活動をしています！

そして現在の、この宇宙・地球の最大アセンションにおいては、我々の活動も、最も重要であると言えます。

「愛」は普遍ですから、様々な活動があります。皆さんのハイアーセルフ連合とともに、一人一人のハートの光の拡大のサポート。大いなる源からの愛と光を、皆さんのハートと魂につなげ、流入させること！

そしてアセンションのゲイトである「愛の門」を拡大すること！！！

それは、皆さん一人一人の中心＝ポータルにあります！

それが、大いなる至高の源を中心とする、我々すべての宇宙の愛と光の中心につながっているのです！！！

これが、我々の最も重要な仕事のあらましです。大体わかっていただけたと思います。

「愛」は、宇宙の中で、唯一最大の「共通言語」です！

どのような存在も、その創始から本来持っている、そしてどのような存在にも伝わる、唯一最大のエネルギーです！

そして「愛」は、あらゆるすべてをつなぎ、結ぶ、唯一最大の「糊《のり》」です！

それは、この宇宙のすべての存在に共通する、「使命」であり、「目的」なのです！（＊「愛」の対極のエネルギーとは、「憎しみ」ではなく「怖れ」です。）

この「愛」を明確に「選択」する存在を、我々は〝愛の使者〟と呼んでいるのです！

それは、宇宙の中で、最もシンプルで、簡単なことなのです。

すべての存在が可能なことなのです。

我々は、この「愛」のエネルギーとネットワークを、地球に、銀河に、宇宙に拡大するために来ました！

これは、すべての人に可能な、アセンションへの入り口となります！！！

参加のための特別な資格は、何も必要ありません！

ただ、「愛」を明確に選択すればよいのです。

今、この瞬間から！！！

（＊その瞬間から、あなたの愛と光の中心。ハイアーセルフ。そして我々、大いなる源につながり始めます！！！）

ファシリテーター　Ｌｏｔｕｓ
スーパーバイザー　Ａｉ

ホームページ「愛の使者」プロジェクト本部　http://nmcaa.jp/ainoshisya/

クリスタルプロジェクト

ここでは、クリスタルプロジェクトに参加していただいている方々のこれまでの体験記、高次元の存在とのQ＆Aなどを掲載いたします。（＊註　クリスタルプロジェクトとは、アセンディッド・マスターを中心に、高次と地上のクリスタルチルドレンが連動して進めているアセンション・プロジェクト。指揮官はロード・キリスト・サナンダ）

親子でアセンションを目指して！

天野照子（Sarena）

十二歳の小学生の息子、明《あかる》が、ハイアーセルフとコンタクトを始めました。幼少時から、平和主義で優しい子でしたが、九歳の時に、合気道と空手を習い始めてから、強さも持ってバランスを取ることを覚えました。私が「クリスタルチルドレン」という言葉を知ったのは、息子が幼稚園のときです。自分の子供もそうだと思うと、それまでの様々な疑問が解けていきました。

「クリスタルチルドレン」とは、「とても優しい」、「平和主義」、「愛いっぱい」、などいろいろな特徴が紹介されていますが、この三次元では、まだ周りの理解を十分に得られない場合もあります。今、クリスタルチルドレンをお持ちの親御さんにとって、この文章が何か少しでもお役にたてばとても幸いです。そして、どうやって三次元世界の生活と、「アセンションのライトワーク」のバランスを取るか。どう周りの理解を得るかなどについて、今後、ぜひともに考えていけるとよいと思います。

明は、小さいときに夢の中で私と宇宙旅行をして、外から地球を眺めたそうです。

私は、一年前、明といっしょにプレアデスからの長老達を自宅のベランダで出迎えるという夢を見ました。そのときは、何だか不思議な夢だったなあ、というくらいでしたが、もし宇宙からインスピレーションをもらっていたのならば、しっかりやらなければ、と思いました。

今までいろいろなことがありましたが、これからさらに親子で宇宙に貢献できるようがんばっていこうと思います。こんな母で大丈夫かしらと思うこともありますが、こうなったらやるしかないですね！

それが今回、この世に生を受けた最大の目的であるなら、生かしていただいていることを感謝しながら、宇宙の根源に還る日まで、地上でできることを精一杯やっていこうと思います！

はじめまして！

はじめまして。天野明です。私は今、十二歳です。

私は、森や山、登山など自然が大好きです。鳥が鳴く姿、立派な樹木など、都会にはない物がたくさんあります。しかし、最近の山々はあまり元気ではありません。ダムによってエネルギーがせき止められ、道路や車によって公害が増し、杉の人工林によって暗く、地盤が悪くなっています。もちろん、すべての山々が暗く、つまらないわけではありません。

私がこの地球に生まれた目的は、世界の平和と世界の統一の仕事をするためです。

今の国境をなくし、国と国の間の見苦しい鉄条網をなくし、一つの星としてみんなで協力する社会を作っていくためです。

今の人達は、行動力と決断力が足りないのです。何かを「やる」と決めたら「やる」。それが大事です。

私はアセンション後の世界が楽しみです。早く新しい社会に住みたいです。ハイアーセルフにたずねたら、「その時が来れば必ず変わる」と言いました。

ではそのために何をするべきかと聞いたら「それは自分で探しなさい。自分にできることを地道にやりなさい。小さな積み重ねが大きな結果につながる」と、言われました。

「世界中の人達はみんな違う言語を使うのにどうやったら一つの大きな社会を作れるのか」とたずねてみると、「みんなの意識が変われば言語や国境などの枠から出られる」と言いました。

そして、「その時がいつなのかは言えないが、楽しみにしているように」とも言われました。

私もこれからがんばります。

ハイアーセルフとのQ&A　質問者：天野明　回答者：ハイアーセルフ　記録：照子

Q：宇宙史、地球史、日本史について教えてください。
A：地球はまだ銀河の中心に位置していません。地球の位置にゆがみが生じているので、今の銀河はあまり良い状態とは言えません。なぜかというと、銀河の腕がそれぞれ好きな方向に行っているから、腕がきれいな渦になっていないのです。日本はかつてもっと大きかったのです。日本はムー大陸の一部であり、今もそのエネルギーが残っています。アジアの一部はかつて海でした。
Q：なぜ今回、私は地球に生まれたの？
A：世界の平和、世界の統一をする仕事をするために来ました。今、世界の言語がバラバラなのはかつてそれぞれが好き勝手な方向に行き始めたからです。言語を統一し、宇宙文明になるためにもみんなの意識を変えることが必要ですが、人々の意識は変わりつつあります。アセンションに向けて、今の段階はうまく行っているといえます。時が来れば変わります。その時がいつなのかは言えませんが、それはお楽しみ！

Q：アセンションに向けて私はこれから何をするべき？

A：今の自分にできることをコツコツと地道にやりましょう。具体的に何をするべきかについては、自分で探しましょう。

Q：宇宙のことや科学的なことに興味があります。

A：今の地球にある原子記号は、今の地球にあるものすべてで足りないものはありません。ただ宇宙にはあるけれど地球にないものもまだあります。

プラズマとは、何かの物質ではなく、分子そのものが発するエネルギーや人々から出る想念のエネルギーなどもそうです。

ブラックホールは、別の次元にいく所です。上の次元へ上がるもので上から下へ降りてくるわけではありません。ブラックホールを通って上昇します。ホワイトホールとは、一次元、二次元のエネルギーが出ている場所です。

宇宙には、地球の科学者が思っているほどたくさんの銀河があるわけではありません。銀河が少なく見える場所には、ほかのものがあります。（他の次元など）

天野明：ハイアーセルフ、どうもありがとう。

ある日の親子の会話

照子：明は、山や森など、自然の中で過ごすことが好きだよね？
明：山や森の木々に囲まれていると、木の良い香りがしたり、花が咲いていたり、空気がよかったりして、のんびりした気持ちになれるよ。それに、自然の中は、優しい雰囲気がするんだ。でも、中にはあまり良くない雰囲気の山もある。
照子：それはどういう意味？
明：人工的に木が植えられた山は、自然な状態になっていないんだ。山によっては人の無念さや暗さが感じられる。それに、ダムがあると、自然のエネルギーがせき止められている。
照子：でも、ダムは人々の生活を支えてくれているよ。どうしたらいいと思う？
明：ダムの代わりに、海水を真水に変えることはできる。日本は海に囲まれているし、その技術をぜひ活かすべきだよ。
照子：最近はやることが多くて、忙しくて、頭が混乱するときがあるのよ。（ため息）
明：冷静になれるポイントがあるよ。
照子：ぜひ教えて！
明：一度に三つのことをしない。一度に二つのことを考えない。今のことだけに集中する！　できる？
照子：……やってみる……。それと、やりたいこと（夢）があるんだけど、いつできるか、どうやったらできるか、いろいろ考えると堂々巡りになっちゃうんだよね。
明：考えすぎない。やりたいことだけを思い浮かべる。あとは自然に待つ。そうすると必ずチャンスが来るよ！

アセンション・アート――「今の地球」「未来の地球」―― 天野明

私は、下の二つの絵を、すべて直感だけで描きました。

「今の地球」（右の図）三つの惑星が三角形を作っています。その二つの三角形のまん中に今の地球が入っていますが、三角形の線が少しゆがんでいます。

「アセンション後の地球」（左の図）まん中の地球が三つ現れました。二つの三角形のまん中に入っていますが、それぞれの惑星が力強くなり、三角形の線も太く、エネルギーが強くなったと思います。


（照子より）明は、一生懸命にこの原稿を書きました。お読みいただきまして、ありがとうございます。

子供は、ものごとを自然にとらえることができるので、「アセンションへ向けたライトワーク」もごく自然のことと考えているようです。その純粋な気持ちを具現化していけるように、母としても日々、様々に努力しています。これからの新しい世界の創造に向けて、親子で新しい道をみつけていこうと思います。また、明のさらなるアセンション・ライトワークについて、ホームページで発信していきたいと思います。

ホームページ「天鳥船」（あめのとりふね）http://nmcaa-amenotorifune888.jp

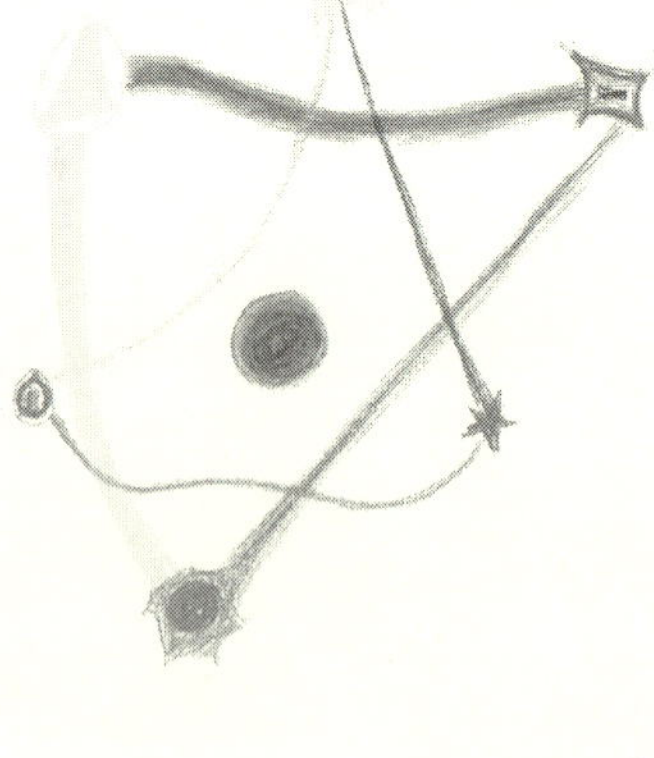

ブログ「太陽船８８８」http://blog.nmcaa-amenotorifune888.jp/
ホームページ「クリスタルプロジェクト本部」http://nmcaa.jp/crystal-project/

アセンション・ライトワーカーからのメッセージ

アセンション・ジャーニー

白鳳ジャーニー

はじめまして！　ジャーニーです。現在三十二歳。医療関係の仕事をしています。ジャーニーという名前は、スピリチュアル・ハイラーキーからのメッセージを受信された、Ａｉ先生がつけてくださったものです。「宇宙アセンション・コンダクターとしてのミッションを持つ」という意味が込められています。そのミッションをまっとうすべく、日々アセンションに意識を向け、Ａｉ先生を中心にメンバーのみなさんと、楽しく勉強に励んでいます。エネルギーが本になるなんて、とても嬉しいです。執筆はフルコンシャスでチャネリング状態で取り組みました。どうぞよろしくお願いします。

Ａｉ先生に出会うまでの経緯

「ホームに帰りたい」「宇宙のシステムは一体どうなっているのか解明したい」「ただ光だけの世界に戻りたい！」四歳の頃、夜空に瞬く星々を見上げながら、よく宇宙に想いを馳せていました。十代半ばにもなると、そんな宇宙への関心は薄れ、三次元地球にどっぷりと浸りきっていました。

二〇〇四年。魂の衝動に従い、ワーキングホリデーとしてオーストラリアで生活をしました。雄大な自然に囲まれ、見るもの、体験することすべてが新鮮。大好きなボディボードをしたり、ダンスをしたり、ワクワクの連続の毎日を過ごしていました。

ある日、魂の歓喜へと導かれる、一冊の本に出会いました。当時の職場で出会った日本人スタッフの方から、シャーリー・マクレーン著の「アウト・オン・ア・リム」（地湧社）を薦められました。目を見開き、時間も忘れ、むさぼるように読みました。生まれてきた理由はこれだったんだ！　まさに魂の歓喜！　生きる使命を見つけた喜びでいっぱいでした。地球においての、真の誕生となりました。以来、３次元の旅をしながら、精神世界と自分の探求をしてきました。

二〇〇六年。使命と感じている世界と3次元世界での行動（仕事）とのギャップに違和感を覚えました。魂の叫びを感じていました。このままではあらゆる面で限界でした。仕事をやめました。「精神世界の先にはもっとなにか究極の結論がある、私たちはどこへ向かうのか？　どのようにしてこれを広めていったらよいのか？　どうかこの身を宇宙のアセンションのためにお役立てください」と懇願する日々が続きました。これが後に「神の全きポータルとなる志願」であったということがわかります。

当時、「アセンション」について猛烈にネットや書籍を読みあさりました。そして、ダイアン・ロビンス著の「超シャンバラ」を読み、「宇宙連合」の存在に強く魅かれました。そして、Ａｉ先生に出会いました。そこからは、『銀河』の、『創始』の、強烈なエネルギーを感じました。宇宙業界用語の数々。なんだかよくわからないけれど、捜し求めていたのはこれだ！！　と思ったのです。様々なアセンション情報が飛び交う中、やはりＡｉ先生のエネルギーや情報は格別だと感じましたので、二〇〇八年末に本格的にＡｉ先生のアセンション・アカデミーのメンバーとして参加し、現在に至ります。

Ａｉ先生と学んでいること

アセンション学

多次元的な神界と縦軸的な天界を統合して学んでいます。（マルテンジュウ）。宇宙のシステム（体系的なこと）を学び、アセンションした先はどこへ向かうのか、具体的に明確になりました。ズバリ、ＮＭＣ（新大宇宙）です！　３６次元の世界！　３６９・弥勒の世といわれている世界です！

神道

日本の神々の存在が、いかにアセンションと深く関係しているかを学んでいます。

神智学

神人を目指すためには神を知る必要があります。私たちはどのような仕組みでできているのか学びます。

書籍の「神智学大要」はなかなか読むのが大変ですが、メンバー内でのネットでの投稿のやり取りの中で少しずつですが理解を深めていくことができています。

アセンションをするための準備

コップの水を空にする。（これまでの三次元の概念や知識などを一旦クリアにする。高次のアセンション・アカデミーへの参加の準備）水や無添加食材にこだわり、自己をクリスタル化する。（肉体とエネルギーの浄化。クリスタル化。神殿化）

フォトンを観る（五次元視力の訓練）など、実践的に学びます。

ハイアーセルフと繋がる。スピリチュアル・ハイラーキーとのコンタクト

私にもできました！　基本的にどんな人でも、インスピレーションを受けているときにはチャネリング状態ですが、宇宙のシステム（雛形）や高次の存在の役割とエネルギーを学ぶことで、どこの誰がメッセージをくれているのか明確になりました。

日本人の役割について

精神世界を探求されている方であれば、「日本は世界の雛形」ですとか、「日本人に生まれてこれる確立は、宝くじで1等を当てるより難しい」ということを耳にされたことはあると思います。なぜ「日本人」なのか、歴史やエネルギーを通して真に黄金人であり、重要な役割を持った人種であることを理解することができました。こちらにつきましては、白峰先生の「日月地神示～黄金人類と日本の天命～」に詳しく書かれています。

菊とは？　君が代のエネルギーとは？

天皇家の象徴である菊の紋章。時空を超え、今に至るその真の意味。その他　神界、5次元、インナーアース、宇宙連合など内容盛りだくさんで、多次元的な学びを得ることができます。大切なのは、エネルギーを感じること8割、サイエンスは2割とＡｉ先生はいつもおっしゃいます。（8対2の黄金比率）

Ａｉ先生はどんなささいなレポートでもとても褒めてくださり、いつもモチベーションがあがります。意思のある者すべてをバックアップ、サポートしてくださっています。Ａｉ先生とメンバーの関係はズバリ母と子。母親に褒めてもらってがんばる子供そのものだと感じています。実はアセンションに最も重要であるのはフォトンを広める意味において、父・母・子の「三位一体」がすべてのベースです。

Ａｉ先生とは

ところで、このように多次元の教えをしてくださっているＡｉ先生とは一体何者なのでしょうか。単純に地球人ではない！　と感じました。セッションでお会いした際、ホワンとした白いエネルギーを見ることができました。そして淡いピンク、聖母のエネルギー、そして淡いパープル、アインソフという感じです。

桜が満開を迎えた頃、送ってくださった5次元クリスタルを手に持ち、瞑想をしました。真っ白な世界で、Ａｉ先生や、Ｌｏｔｕｓさん、まだお会いすることのないメンバーさんと出会うことができました。Ａｉ先生は「あなたもやっとここへ来ることができたわね」と笑顔を見せてくださいました。そのとき以来、自身の中で何かが変わったのです。出会った場所。そこは「神界」でした。

Ａｉ先生の真実

宇宙のすべての『リアルにかーちゃん』であった！

頭が飛んで、呆然としました。次元が変わったという感じでした。なぜ、私自身がここにいるのか、理由がわかりました。

「ついに出会った。そのためだった」

Ａｉ先生の真実については、ここではこれ以上書きません。しかし表紙の「黄金の菊」「黄金人類」の真の意味を解明するにはここが一番重要で近道なので、キーワードだけ記すことにします。

「スメラ」「かーちゃん」「ＤＮＡ」「アンドロメダ」「ＮＭＣ評議会」「天照」「雛形」。解明するにはサイエンスし、エネルギーを感じてみること、ですね！　最重要ポイントであると思います。

それでは、Ｑ＆Ａ形式でアセンション関係についてハイラーキーに質問してみます。なぜアセンションに「黄金の菊」が関係しているのか。「黄金人類とは？」など、メッセージをいただきました。

Ｑ：アセンションとは？

Ａ：（アシュターコマンド　宇宙連合　サナートクマラ／ロード・キリスト・サナンダ　アセンディッド・マスター　エル・モリヤからの回答）

アセンション（次元上昇）は、今に始まったことではない。創始から起こっているのだ。

しかし異なるのは、ワープ的な地球の次元上昇は今回で最終ということだ。地球が真に宇宙に参入できるワープの時代なのだ。ニュアンスとしては「ホップ・ステップ・ジャンプ」どころではなく、「ホップ・ステップ・特大ワープ」という感じである。幼稚園から大学へとび級できる特別な時代なのだ。そろそろ3次元の地球学校を卒業して、宇宙の仲間入りをしたいと思わないかな？　人生に宿命があるように、地球にも宿命がある。地球は宇宙の中で、本来、とても重要で美しい愛の惑星なのだ。

思い出してほしい。あなた方はいくつもの試験をパスして地球に生まれることを選択したことを。多次元で自由な世界から、わざわざ3次元という規制を課して地球のアセンションに貢献しようと志願したことを！　あなたがたの勇気ある行動を　賞賛する。あなたがたは多次元的な存在であることを思い出してほしい。宇宙には様々な文明をもった惑星や人種が存在する。外見や文化など、お互いの違いを個性として認め合い、平和で自由。太陽のように温かい、エネルギーの世界なのだ。それは美しさを相手の中に見ることができるからだ。愛は美しいのだ。

人は親である神の姿に似せて創られた、神の子なのだ。神なら神らしく生きなさい！　高次存在と呼ばれている私たちは、地球人同士が手と手を取り合い、ひとつになったときに現れる。それが進化成長、アセンションである。地球がアセンションすれば、宇宙がアセンションする。重要な任務を背負っているのだ。特に日本人は！

今は次元が違ってあなた方には見えないけれど、私たちはひとつなんだよ。地球を愛している。あなた方すべてを愛している。早く会いたい。抱きしめたい。その時を想像するだけで胸が熱くなり、涙が溢れる。あなた方一人一人をいつも全力でサポートしている。この気持ちをあなた方に、理解してほしい。

そして「アセンションとは？」この質問に対する答えはこれだ。

真のアセンションとは、一人一人の意識の中で起きるのだ。一人一人のハート中で岩戸開きが起こるのだ。

そしてそれは、多次元宇宙にすべてシンクロしているのだ。あなた方が宇宙を創造して行くのだ！　見るものすべてがフォトンで創られたことを思い出しなさい。鉱物、動植物、この宇宙。すべて周波数の異なる愛でできているのだ。あなた方は初めからずっと愛である。これから先も永遠に。

Q：アセンションに貢献するにはどのような動きをしたらよいのでしょうか？

A：（ロード・キリスト・サナンダ／アセンディッド・マスター　エル・モリヤ　ハイアーセルフからの回答）

魂で生きることである。

魂は5次元以上の周波数である。5次元は神人としてのスタートの次元である。中今のワクワク。ポジティブな状態である。あなた方は一人ではない。いつも我々がいる。任務としては、光のポータルとなりエネルギーを降ろすことである。魂の声に従いなさい。光を発現しなさい。神界、高次のメンバーとして、光＝愛のエネルギーをどんどん出していきなさい。そして受け取りなさい。そのためには私はどんなことでも協力する。道に迷ったら、我々を呼びなさい。瞬時にあなたの内側で答えを受け取るであろう。

Q：「黄金の菊」「黄金人類」の意味は？

A：（宇宙神界連合　太陽神界　天照皇太神からの回答）ゆったりとした呼吸で、太陽の中心にフォーカスしてご覧なさい。どのようなエネルギーを感じますか？　どのようなビジョンがうかびますか？

太陽の中心は「黄金の菊」なのです。一人一人は黄金の菊の花びらなのです。そして菊の中心とは——。

『天照皇太神』と呼ばれるそれは、あなた方日本人の真の親であり、源です。そして日本人は、アンドロメダ銀河のすべての叡智を結集して創られた特別なDNAを起源に持つ、特殊な人種です。菊の中心にアクセスしてご覧なさい。なぜなら愛と光のフォトンを大量に生み出す中心が存在するからです。子はその愛と光のフォトンを受け取り、いずれ親のように発現できるようになっていくのです。

NMC（新大宇宙）の中心は、36次元の中心も担当しています。上にあるがごとく、下にもとして、あなたがたメンバーは、その『ポータル』（正門、中心）の役割を持っています。そして、そこへ一人ひとりがつながっていくシステム、ノウハウ、エネルギーとともに！

あらゆるすべてにおいて言えることですが、意識を常にNMCの中心に置く。意識がそこにあると言うことは、すでにそこに存在し、つながっているということです。

そして神界の根源につながるということは、DNAの変容に必要な、根源のフォトンを浴びるということです！

アセンション・リーダー国として、今こそ神聖なるDNAを起動し、発現しなさい。

日本人は「神界」の存在を初めから「知って」いて、集合意識において、他国に比べ安定しているのがまさに資質のひとつです。なぜ集合意識が重要かと言えば、「共振しやすい」からです。共振=共鳴なのです。それが起こると、まず人々の間で意識が変わり、一般常識が変わります。共鳴波動とは、ある臨界点に達すると、爆発的に広がるのです。これからあなた方が起こすこのような共鳴は、後に「光のシナジー」（指数関数的な、光の恍惚的な爆発！）と呼ばれるでしょう。

Q：NMC（新大宇宙）とはどのような世界ですか？

A：（根源父神界　宇宙神　地球神からの回答）俗に弥勒の世といわれているじゃろ？　簡単にいうとエネルギーの世界じゃ。

そういう意味では、地球3次元もそうであるがのぅ。次元が上昇すればするほどエネルギーが繊細になっていくものじゃ。先ずNMCへアセンションするのに最も必要なことは「愛」じゃ。すべて、「愛」を基準にして世の中ができておる。「愛に始まり愛に終わる」それがすべてじゃ。いたってシンプルじゃが、実践することぞ！

個性も光輝いている。どこにでも自由にいくことができる。喜びのハーモニーが奏でられておる。皆、愛の共振を楽しんでいるのじゃ。労働もあるが、奉仕の気持ちであるゆえに、喜びがある。お金は存在しない。必要ないからだ。お祭りやパーティ好きでもあるのう。そして究極はのう──。

おぬし自らが宇宙を創り出す事ができるようになるのじゃ！！「宇宙創造神」となるのだ！　わかったか！　楽しみじゃのぉ！　ホーッ！

Q：アセンションに奉仕する中で人間関係はどのように変わってきますか？

A：（大天使　アリエルからの回答）あなたの周波数が上がるために、今まで気の合った人とのズレが生じてきます。愛の実践をしていれば、基本的に人間関係や物事は良好に運ぶでしょう。

どうにも難しい相手からは距離を置く必要があります。アセンションの妨害勢力が、人物を通してあなたの波動を落とそうとするのです。そっと距離を置き、愛を送ってあげてください。これからは「魂の家族」との繋がりを知り、新しいパターンの生活体系が生まれてきます。魂がそれを感じたら、きっとそうでしょう。あなたはもっと楽に生きてよいのです。アセンションし、ファミリーの元に帰還できるのです。「お帰りなさい！」両手を大きく広げて、あなたを包み込んでくれるでしょう。

Q：私たちのためにメッセージがありましたらお願いします。

A：（一なる根源母・父神界　天照皇太神　宇宙神　地球神／スピリチュアル・ハイラーキーからの回答）

温故知神！

歴史を創造主の視点から見てご覧なさい。今はもはや古い概念、観念を温めておく必要はありません。人間の中身の、総入れ替えの時期です。温めるべきは、日本の三種の神器である「勾玉」「鏡」「剣」。その真の意味です。それは父・母・子、霊・魂・体という三位一体の象徴です。そして子供たちのすばらしきＤＮＡです。

これからは、「神を知り、神を受け入れ、神となる」それが中今での温故知神です。

日本人が変われば地球が変わる。あなた方ならできる！　私たちの子供たちなのだから、できないわけがない！　あなた方が始めなければ始まらない！　日の本（太陽の中心）から降り立った子供たちよ！　新大宇宙にアセンションし、地上にシャンバラ（素晴らしき世界）をつくるのです！！

以上、Ｑ＆Ａのチャネリングメッセージでした。

今後のビジョンについて

アセンションナビゲーターとして人に伝えていく前に、まだまだ基礎をしっかり固めていかなければならないと思います。また、ホームページなどから発信することで勉強になることが多いと思います。今回の原稿につきましては、ワクワクしながら書くことができました。なぜならサポーターがたくさんいてくださったからです。インスピレーションがたくさん来てくれ、楽しかったです。これからは宇宙連合ともコンタクトをし、共同で仕事を進めていきたいと思います。何でもトライしてみること！　だと、今回の原稿で感じました。

目標はＡｉ先生のように、フォトンを発現できるようになること！　『神人』になること！　ＮＭＣにアセンションすること！　です。「すべては宇宙のアセンションのため」です。小さな個が大きく宇宙に貢献できたらいいと思っています。私たちライトワーカーたちによる貢献の、奉仕のエネルギーが、鮮やかにきらめく、巨大な錦のアートとなって宇宙を彩っているのが見えます。とても情熱的で毎瞬流動的にきらめき、ハートがジーンと熱くなるほど美しいです。

大量に浴びるフォトンの効果　―Ａｉ先生と学んで―

この半年間で、自己の変容が著しかったことは間違いありません。最大のフォトンを浴びていることが大きな理由のひとつでしょう。セッションごとに、またＥメールでのやりとりをさせていただく中で、気がつかないうちに自己の内部意識が変容しています。そのフォトンは、一なる至高の根源神界から発せられているのです！　このフォトンが私たちのＤＮＡを変え、アセンションに導いてくれる最大のエネルギーなのです！

真に実力のある方がエネルギーを動かす際は、非常にナチュラルだと聞いたことがあります。Ａｉかーちゃん先生のセッションは、巷で言う神事らしいことは何一つされず、いたってナチュラルです。体がふわふわ軽くなる感覚を覚えたり、セッション後、視界がホワンと白く見えたり、睡眠中にかーちゃん先生の講義を聴いたり、メンバーと仕事をした感覚があるなど、数々の異変は起こりました。

私がここに存在している理由……。それは宇宙の真の親に出会い、アセンションに必要なフォトンを浴びて変容し、フォトンを発現できるようになるためです！

それが『神人』です。私は過去4年間、探し続けてきました。これかな？　あれかな？　と。無意識のうちに、親探しを始めていたのだと思います。何かに出会う度に、様々なエネルギーを感じていました。ですからホンモノかニセモノかも見分けがつくのです。自意識過剰と言われるかもしれませんが、私自身も真剣にアセンションに貢献しようと取り組んできたからこそ言えることなのです。すべては父・母・子の三位一体からスタートします。先ずはフォトンを生み出す親（神界）との繋がりをつくることが大切だと思います。神界とアセンションの最短距離だからです。

意識の変容の中の一つに、『日本のことを好きになった』、ということを挙げます。日本の役割を知る中で、日本人として生まれてきた、ミッションの重大さを感じると共に、日本のすべてを好きになりました。特に菊を見ると嬉しくなります。私たちそのものなのですから！　私たちは、黄金に輝くゴールデンフォトノイドです！

また、以前感じていた、どうしたらよいのかわからない、そのジレンマから解放され、時間が足りないと思うほど、充実した日々を送っています。アセンション道をリードしてくれる師（親）がいてくれます。一生懸命私たちメンバー（子）の後押しをしてくださっています。宇宙の高次もいてくださっているのですから、これ以上のことはありません。そして共に学ぶ仲間がいてくれます。時には壁にぶつかったと感じることもありますが、皆で支えあっています。そしてますますやる気になるのです！　真の居場所はここにあると、ハイアーセルフと共に常々感じています。

このように最高の繋がりを持つことができたことを最高にハッピーに思います。誇りに思っています。

私、ジャーニーのハイアーセルフから読者の皆様へ

すでに皆様であれば、「世の中に偶然は何一つない」ということは感じられていると思います。この本との出会いも、皆さんのハイアーセルフが手に取るよう、導いてくれたはずです。周波数が一致したためです。読まれる中で、共感＝共鳴＝共振が生じ、ひとつとなりました。大きな光のバイブレーションが地球に、宇宙に広がっているビジョンが浮かびます。地球に光が広まるのを感じます。神人として共振した際は、地球維新を起こすほどの強大なエネルギーが動くに違いありません。共振については「シューマン共振」が有名です。科学的にも実証されています。

白峰由鵬先生著の「地球大改革と世界の盟主」にも書かれています。もしよろしければ、ご参考にお読みになってください。

みなさまとの出会いに感謝致します。ありがとうございました。

ＮＭＣへの旅とは、無限の宇宙への飛翔！！

ホームページ「アセンション・ジャーニー」http://ascension-journey.jp

ブログ「アセンション・ジャーニー」http://ameblo.jp/ascension-journey/

NMCへつなぐ『天岩戸開き』神事

天鏡　Miracle

最終生の軌跡─そして、「愛の奇蹟」

幼いころから、夜空を見るのが好きでした。

見上げれば一面広がる漆黒のキャンバス。そこに光輝で描かれた星座が浮かぶ澄み切った夜空を、ワクワクした気持ちで見入っていました。途方もなく深い闇の夜空に、光り煌めく星々があることで、私のハートは踊り、幸せな感覚を味わうことができ、何かしら慰められていました……。

そしてある時、「私は死んだら、天国でも、地獄でもない、あの空・宇宙に還る！」そんな唐突な、でも自分の中心から湧いてくる力強い確信の思いに、ひとり納得して、うなずきました。……小学校低学年のころの話。

同じころ、「この退屈な日常も、実はもっと大きな存在たちが行っている、ビーカーの中の実験なのかも……。そして、私たちがどうなるのか、大きな存在が見ているのかも……」ふと、そんなことが頭をよぎりました……。そして、あながち間違いでもなかったと思う、今の私。

事実は小説より、ミラクルなり！

まさにこの宇宙、そして地球は、全てを創造した一なる存在の、壮大なる実験場であり、体験場！　そして、進化の場！　スピリチュアルの道を歩み、A・i先生に導かれ、そのことを驚愕の思いと、やっぱり！

の思いで「ミラクル＝奇蹟」を実感する、中今です。

「２００1年宇宙の旅」は、十九歳のころ映画で見て、何ともそのスケールのでっかさに度肝を抜かれました！　そして小説を読み、「私が探していた答えだ！」と、さらに感動！　それは、宇宙のすべてに偏在する意識があることを教えてくれ、それが私の求めていた「神・創造主」であり、自分の行きつくところ……、そう感じました。初めて自然に受け取れ、すっと溶け込んだ宗教観で、その思いは今も変わりません。それはほかの言葉では、根源主、大いなるもの、サムシング・グレート、一なる至高の根源、ワンネス（Oneness）……などと表現されるものだと思います。全ての根源。森羅万象、この宇宙の創造の出発点。

思えば、いつも「真理」を探していました。人間の創った価値観や常識ではない、自然や宇宙、全てに宿っている、真理。

誰が言った、何に載っている……等はあまり関係なく、その語られていることが、心に響くか、響かないか、しっくりくるか、こないかで、情報をかぎ分けてきたと思います。まあ、鼻柱が強いが、純粋な心の目を持っていたのかもしれません。特に権威的なものや既成の概念には反抗的でもあり……。前にならえ！って、納得できないと、ならえない！　そんな不器用さでもあります。

何かワクワクすることをしたい！　人がしないことをやりたい！　そんな思いが心の底から湧いてくるのに、何がしたいのか具体的なことはわからず、それを探しながら動いていた……。しかし、何をやっても真には充足感を得ることはできずにいました。今思うと、無明（傷つき、自己否定・無価値感）の塊であったため、どこにいても自分自身でいることに安らぎを感じられずにいたようです。

子供を出産したあと、以前から興味があったスピリチュアルなことにまた没頭するようになり、関連の本を夢中になって読みました。すると、なんだかワクワクしてきました。「もしかしたら私って、ライトワーカー?!」そんな思いが湧いてきて、「これから人類と地球、アセンションに貢献する、ライトワークを仕事にしていこう!」と、ヒーリングや感情解放のワークなどを学びました。

ある日、夢を見ました。白い雲が空全体を覆っている中、私の頭の真上だけ丸く光が射し、明るいのです。ちょっときついが首をギュッと曲げ、頭の真上を真っ直ぐ見ました。その明るい光に引き込まれるように……。そして、「あなたの内なる中心より繋がる、高次の自己(ハイアーセルフ)と繋がりなさい」そんな啓示的メッセージを受け取りました。

その日からハイアーセルフと繋がる瞑想を開始。しかし、無明の状態とハイアーセルフとの繋がりは反比例の関係で、無明がまだたくさん残っていた私は、なかなかスムーズにハイアーセルフとコンタクトすることはできませんでした。それで、しばらくはインナーチャイルドを癒すことに専念。そして、ある程度その幻想を手放すことができた頃、Ａｉ先生がファシリテート(調整・促進)するアセンションのホームページと遭遇したのです!!

その時、まず、その画面から出てくるなんとも言えないエネルギーに圧倒され、次に核心をついた明快で、端的な文章に心引きつけられました。凄いインパクトを感じ、すぐにメルマガの購読を始め、その数カ月後、ハイアーセルフの勧めで、メンバーへの参加を申し込みました。

それからの意識やエネルギーの変化・ワープは凄いもので、それは現在でも進行中!

さて、どんな変化・ワープが起きたかというと、それまで長年繋がろうとしても、もう一歩のところにいたハイアーセルフとのコンタクトが、一気にクリアになったこと! 質問すると、言葉が頭の中にすらすらと浮かんでくる！　宇宙のハイアーセルフの名前は、ミッションと言霊から、「レディ・ミラクル」とＡｉ先生に名付けいただきました。（Miracleというホーリーネームの第一号がここから誕生！）

また、神界の神々やスピリチュアル・ハイラーキー等、高次存在との交流（チャネリング）もだんだんとできるようになってきました。意識を向けると、答えが返ってくる……。そんな状態に！（ただ、受け取る内容は自分が理解できる範囲であるため、レベルが上がったらまた会おう！　的なことも多々……！）

さて、このようなことをどうやって学んだか……。それは、ファシリテートしてくださるＡｉ先生と、メールでのやり取りを行いながら、そのサポートの下、自分自身で思い出していくというフルコンシャスな形です。思い出すとは、今生では記憶をなくし、忘れているが、本来持っている能力や、魂が学んできた記憶がどんどん蘇ってくる、すなわち、思い出してくるということ。出される課題のレポートを提出したり、ふと感じることなど様々に報告する中で、今まで使っていなかった感覚や脳、エネルギーが活性化されてきて、蘇ってくる、そういうことだと感じます。チャネリングも、本来は全ての人が持っている能力の一つであり、ヒーリング能力やテレパシー能力……などなど、今まで超能力と思われていたものも、実は同じことで、特別なことではないのです。普遍的な存在である魂が持つ、本来の能力だということ。

チャネリングができるようになれば、ハイアーセルフや高次存在とのＱ＆Ａによって得た情報も重要な「思い出す」の内容となります。そのようなレポートに対して、Ａｉ先生は一つ一つ丁寧にコメントやアドバイスをしてくださり、返ってきたそのアドバイスに沿ってまた進んでいく……、そんな流れで様々な活性化、思いだす作業が行われるのです。当然Ａｉ先生は、私たちが向かうべき方向や、なるべき・するべきものをすべて把握したうえで、その答えを自分自身で見つけていけるよう、導いてくださいます。

その他、自分で必要だと感じた時に直接A・i先生による個人セッションを受けたり、年に1~2回メンバーが集まってのセミナー（自由参加）が行われたりします。このように、主体は一人一人、個人に合わせた内容で進んでいきます。それは各人の担う働き、蘇るべき能力が違うからで、個々人に合わせた対応のため、各自の可能性が無限に広がる……、そんな流れだと感じます。

また同時に、メーリングリストやメルマガなどで他のメンバーとA・i先生のやり取りを読み、それぞれが学んでいる情報も同時に学ぶことになります（このメルマガはどなたでも購読可能。）

その他、メンバー同士の横のコミュニケーションができるメーリングリストもあり、そちらでの交流も盛んです。同じ意志、目的を持った仲間たち。それはとっても大切、かつ重要な絆。究極のライトワークは、個人プレイではなく、チームワークとしてみんなが一つとなって創っていくものだから、その絆がとても重要なのです。なぜなら、全ては繋がり、一人一人が全ての中の一部を担っていて、それらが統合されてこそ、ワンネス（Oneness）の完成された世界が創造されるから……、そう理解しています。

一番感動したこと！　それは、この活動が全て奉仕で行われているということ！　個人の利益を追求したものではないのです。つまり、利他的！　全てのために、自分ができることを奉仕する。そんな意志が全ての大元の基礎・根底にあります。たぶん私たちの魂は、ずっとずっと昔、この宇宙の終わり（今）に生まれ、アセンションのために奉仕する、そう願い出て、それが叶い、今ここにいるのです。宇宙のため、地球・人類のため、アセンションを成功させる！　その純粋な強い思いを持って生まれてきたのだと。本来、宇宙の一部であるため、そのいわば自分自身のために行うことは、お金・営利目的でなく、全てはただ「やる！」

の意志で行うことが、当然なのでしょう。こちらが無条件の愛の奉仕で行うからこそ、高次の存在は協力してくれ、愛を注いでくれるのです。なぜなら、彼らも純然たる無条件の愛と奉仕で行っているから！　自分が放ったエネルギーが、自分に返ってくる。そんな愛の循環であり、これこそが、これからの世のエネルギー。そう信じています。

メンバーとなって間もなく、宇宙の創始のスメラ（古代の巫女）の一人であるハイアーセルフと繋がり、「天鏡《あめのかがみ》」の名前を頂き、神事を務めることとなりました。神事がどのようなものかも深く理解しないまま、神事を行い、メッセージは受け取るが、実際にどのようなことがエネルギーレベル、高次レベルで行われているのかは、皆目わからない状態でした。Ａｉ先生から「それは、〇〇ということです」などアドバイスやコメントを頂き、「あぁ、そうなんだ！」と理解する状態。

そのようなギャップを埋めるべく、エネルギーワークの他に、知識の勉強も行っています。それは、アセンションを推し進める上でのけん引車の両輪の片方、実働（エネルギー）に対する、叡智（サイエンス）。とっても必要不可欠で大事なこと！　その基礎ができていないと、真の意味で自分の行っていることや、高次元で起こっている全体像を把握することができず、土台から崩れる場合もある……とのこと！　なので、行ってます！　叡智の獲得！「神智学大要」を筆頭に、たくさんの本やチャネリングで受け取る中今情報でのお勉強！　もちろん勉強は、難しい……！　でも、なぜかワクワク、楽しいです！

天鏡のハイアーセルフは、Ａｉ先生曰く「全身を白衣に包んだ巫女（神事）の大御所さん」という感じだそうです。自分では「？　？」、意外でした！　なぜなら、それまで神社に特に魅かれていたということもなく、ましてや日本の神様にはとても疎い方でしたので……。それを聞いて「ピュアに護られていたのね」

と、Ａｉ先生。

さて、それでは、「巫女」（神事）とは、一体何なのでしょう？　神・神主に仕えて働く女性。現在ではそんな印象が強いのですが、古代からの歴史を見ていくと、巫女とは神の言葉（信託）を受けて人々に伝える役割であり、祈祷師や神主となって自らの体に神を宿す働きを行うもの。そして、古代の政治である政《まつりごと》において祭祀を司り、そこに暮らす人々が平和に、豊かに暮らせるよう、神の意志をこの地に繋ぐ、パイプのような働きをしたとのこと。今、多くの巫女の魂が目覚め、天と地とを結ぶ光の器（ポータル）となり、新しい世界へと移行（アセンション）するためのエネルギー調整を行い、次なる神の意志・進化をできるだけ平和な形で進めようと努めています。

私は、その巫女さま方の中でも古株とのことで、まだ目覚めていない巫女さまを養成（神事・巫女講座）することが、これからの大きな使命である、と神界から告げられました。それはつまり、高次からの新しい世を創るための光（エネルギー）を受ける器（ポータル）が、今現在まだ足りないということを表します。逆に、十分な巫女さんやライトワーカーがいれば、このアセンションは優雅に遂行されるということ！　新しい世界への、最も心地よい着地（ソフトランディング）を目指すため、少しでも多くの巫女さんやライトワーカーが必要なのです。ピンときたかたは、どうぞ、いっしょに弥勒の世を創造していきましょう。

アセンションの学びは、とっても面白い反面、不安に陥ることも正直あります。でも、そんな時は、越えるべき壁に突き当たった時であり、逃げずに面と向かえば、必ず乗り越えることができます。そして、それはその先の真（神）の自己へと進化（神化）できるチャンスの時だと思います。また、本当は決して孤独ではないということ。同じ道を共に歩んでいる仲間がいるということ！　Ａｉ先生を初め、仲間がいることの心強さを、最近はとてもありがたく思います。だからやる気さえあれば、だれでも大丈夫！

これこそ、私が小さいころから求めていた、なにかワクワクすること、人がしないことをしたい！　の答えだった、と強く感じます。と同時に、ここ、Ａｉ先生へとたどり着けた「Ａｉ『愛』の奇蹟！」を感じずにはいられません。

そして、この奇蹟を生んだ「今」へと繋がるには、誕生からの全ての道程が必然であったのだ！　と。同時に、この「生」そのものが、「無明」から「光」へ、「眠り」から「覚醒」へ、そして『神人』へと向かう、私自身の『天岩戸開き』の神事なのだ！　と理解できました。もちろん、アセンションを目指す人々全てにとっても、同じことだと思います。

中今の私は、まだその『岩戸』は完全には開いた状態ではなく、内に光があることを確認し、必ずその光と一体となる！　という確信を持って、アセンションにフォーカスし、意図し続けている、そんな段階です。

私の『岩戸』は、これからアセンションのために担った使命の実働・実践を通して、少しずつ開かれていくものだと信じています。そしてその本番は、中今の、この瞬間であり、二〇一二年の最終アセンションの時までずっと続く……。この、毎瞬毎瞬を、全てに光を放ちながら存在すること、それこそが私の、そしてアセンション・ライトワーカー全ての使命であり、『天岩戸開き』神事だと思います。

アセンションは、この宇宙のフィナーレを飾る、一大イベント！　この宇宙のビッグバンから始まった全ての学び、進化の過程を統合してワンネス（Oneness）へと帰還する、宇宙あげてのお祭り！　その主役は、地球であり、日本、そしてそこに住む、我々ヤマト魂を持った日本人！　ならば、それに全てをかけて、心から楽しむのもいいのではないでしょうか?!　二〇一二年は、もうすぐです！

高次の存在とのQ&A

Q：「天岩戸開き」とは？

A：（天之御中主神からの回答）「天岩戸開き」とは、あなた方がこれまで体験してきた「神性から分離した世界」から、その封印が解かれ、本来の姿である「神・創造主と一体した世界」に還ることを表します。

つまり、本来の姿である神性さを封印されることが「岩戸閉め」であり、その封印を解くこと、そして「全ては一つ、創造の根源と一つ」の「ワンネス（Oneness）」の世界への扉が開かれることが「天岩戸開き」です。

あなた方に一番知ってもらいたいこと、思い出してもらいたいこと。それは、あなた方は神の雛形であるということ。それの真の意味を、今理解し、あなた方の中に眠る神性を発現する時が来たのです。神の雛形として、3次元において創られた「人」は、その内に、全ての創造の基である「フォトン」を創出できる力、能力があるのです。それを発現し、全てが和す弥勒の世を創造していくこと、新しい宇宙を創造していくこと、それが「人」の真の目的なのです。

そのような神性なる力を発現する人のことを、「神人」と呼びます。そして、その創出こそが、この宇宙の最終目的であり、そこから新しい宇宙（NMC）の創造の始まりとなります。

それが何のことであるか、もうおわかりですね?! そう、それはアセンションです。

アセンションの過程こそが、真の「天岩戸開き」の意味なのです。

Q：神事・ライトワークとは？

A：（宇宙のスメラ〈天鏡Miracleのハイアーセルフ〉からの回答）端的に言って、「天岩戸開き＝アセンション」を行うための、エネルギーの調整です。神事は巫女や神主が行い、神界のエネルギーがメインで関わります。ライトワークは、ライトワーカーが行い、天界のエネルギーがメインです。（巫女はライトワーカーを兼ねます。）

封印を解除し、そのエネルギーを活性化させることや、根源の光をこの地に繋げ、本来の調和したエネルギーにし、これから向かうＮＭＣへと移行できるように、多次元統合の調整をすることです。

アセンションの第一段階、５次元の世界へ向かって、ポジティブなエネルギーのみにフォーカスし、そのポジティブなエネルギーの器（ポータル）となることが、その中心となります。そして今とこれから、最も神性な変容をもたらすエネルギーは、ＮＭＣのフォトンです。それは白金色の、この上なく眩く、煌めきのあるエネルギーです。ＮＭＣをイメージし、魂からその白金色のフォトンを発現することが、最も高次の神事・ライトワークとなります。

Q：自分がライトワーカーや巫女であるかどうかは、どうやってわかりますか？

A：（アセンディッド・マスター エル・モリヤ、宇宙連合からの回答）あなた自身が「自分はそうである！」と感じる時、そうなります。

全てはあなたのハートや魂の中に、その答えがあります。もし、あなたのハートが反応し、それがワクワクするものであれば、それが進む道なのです。あなたの意志で全ては決まります。あなたがたとえ、そうなるべく生まれてきていたとしても、今のあなたがそれを望まなければ、意志しなければ、そうはなりません。全ては自由意志が尊重され、あなた自身が全ての道を選択するのです。扉を開くのは、全て自分自身なのです。

Q：スメラとは何ですか？

A：（宇宙創始のスメラからの回答）スメラとは、一なる至高の根源が、最初に創造したもの。自分（一なる至高の根源）を映し出す鏡として、光・意志・叡智、そして全ての基である愛をスメラから放射し、宇宙を創造していきました。そして、創造される全てのものに自分を映しこんでいきました。

この宇宙創始の時、スメラが最初に生み出したのは、共に創造の働きをする神々で、それが神界の始まりとなりました。これが創造の型となり、古い宇宙の終わり、そして新しい宇宙の始まりである、この今の「新たな宇宙創始」の時に、スメラと神界のエネルギーが全ての次元で活発に働きだしているのです。

巫女の働きとは、このスメラから派生したものです。

Q：ワンネス（Oneness）とは？

A：（宇宙創始のスメラ、アセンディッド・マスター エル・モリヤからの回答）ワンネス（Oneness）とは、「全ては一つから成り、繋がっている世界」ということを表します。

宇宙が生まれる前から、永遠・無限に、あらゆるものが潜在的に存在する「光の海」、「大いなる源」があります。そこに、愛する子供たちを産みたいという一なる至高の根源の「愛」から、ビッグバンと共にこの宇宙が始まったのです。

この宇宙は、全てが大いなる源、一なる至高の根源の中で起こっており、それ自身によって創造されていて、そこから離れたことは一度もありません。だから本来、全てはその創造主（親）である意識と調和し、一体となって宇宙を創造・構成していて、「全ては繋がっている」という至福の中に存在しています。宇宙には本来、そのような喜びだけがあるのです。

しかし、分離を学ぶ過程であった今までの世界では、根源（親）から切り離された「個」という分離感、孤独、無明の中にどっぷりと浸りきっていました。それは幻想という眠りの中にいたような状態であり、ある時、目覚めの時を知らせるラッパの音が鳴り響き、あなた方は内なる目覚めを始めたのです。そして今、遥かなる故郷である「ワンネス（Oneness）」の世界へと向かっていく過程にいるのです。アセンションするにつれ、その「ワンネス（Oneness）一つである」という至福の感覚は徐々に高まり、遂にはワンネス（Oneness）そのものになるのです。

今回、このような「誉れ」な機会を与えてくださいましたＡｉ先生、Ｌｏｔｕｓ事務局長を始め、サポートいただきました全ての高次存在の方々に深く感謝いたします。ありがとうございます。

これに応え、さらなるアセンションへの奉仕・使命が実働できますよう、これからも精進を重ねていきたいと思います。

結びとして、地球ハイラーキーの長である、サナート・クマラからのチャネリング・メッセージを載せて、私、天鏡Miracleの報告を終わります。

ありがとうございました。

目覚めよ！


すべてのライトワーカーたちよ、目覚め、行動する時は来ている。

眠ったままでその時（二〇一二年）を迎えず、魂が誓ってきた奉仕の活動を、今、スタートするのです！

あなた方に、人類・地球・宇宙の運命は握られている。

少しでもこの本を手にして、心が、ハートが、魂が響いたのであれば、なんでもいいから、動いてほしい。

アクションを始めてほしい。

全てはアセンションのために、今、この時、この場所にいることを思い出し、自分のできることを行うのです。

「意志」だけでもいいのです。

その「意志」が、一番強力な力なのだから！

サナート・クマラ

ホームページ「天鏡（あめのかがみ）」http://nmcaa-sumera.jp
ブログ「天鏡のアセンション神事」http://blog.goo.ne.jp/sumela-sun

最後の砦――愛するあなたへ

明日香 Earth Angel

ファースト・コンタクト

「すべてはエネルギー」
「すべては愛」
「宇宙に贈ったものが自分に還ってくる」

私が今までＡｉ先生にさんざん言われてきた言葉です。Ａｉ先生に出会った当初の私は、この言葉の意味をほとんど理解できていませんでした。

私達は、目に見えるものしか信じられない傾向にあります。それがすべてをエネルギーで捉えるわけですから、最初は難しく感じてしまいました。

しかし、私達がまわりの方々に感じる「こんな感じ」というものは、無意識ながらも、日々エネルギーを感じているということなので、もっとそのエネルギーに意識的になりなさいということだったのですね。なぜなら、エネルギーの世界が現実の世界に現れるからです。心に思うことや、「自分が今、どんなエネルギーを発しているか」を常に「サイエンス」することが、いかに大切であるかを学ばせていただきました。

また、愛情は深いほうだと自負していたのですが、それは自分さえよければいいというエゴや、子供達など身近な人たちのみに向けられていたのだと思います。Ａｉ先生に言われたように瞑想をし、地球に光を送るためのポータルとなるよう意図していくうちに、ハイアーセルフとつながり、メッセージを受け取ることができるようになってきました。そうすると地球や人類に奉仕することに喜びを感じるようになり、価値判断を手放し、ただ愛であろうと思うようになりました。

そして「最後の砦」を書いてシェアした時、メンバーの弥日子Mireiyaさんを通して、サナート・クマラ、アセンディッド・マスター エル・モリヤ、ロード・キリスト・サナンダからの愛のお言葉をいただきました。その後、Q&Aのチャネルとなったのです。そしてここでも、高次のどなたのチャネルかを判断するのは、やはりエネルギーなのです。それぞれのエネルギーの「こんな感じ」を、そしてアセンションにおける各々の役割等を把握していくことが、チャネルのソースを見極める上で、大切なポイントとなるようです。

以上簡単ではありますが、私のファースト・コンタクト史です。まだまだ精進の日々が続いていますが、宇宙に贈ったものが自分に戻ってくるということを実感している今日この頃です。

私を影ながら応援し、支えてくれた家族、両親、メンバーの皆様、友人達すべての人々に感謝と愛をこめて。

「最後の砦」

愛しています
いつもあなたを愛と光と癒しで包み込んでいます
あなたが私の愛を必要としない時でも
いつもいつもあなたの側に私はいます
私を呼んでください

私の愛を感じてください
よりいっそうの愛で
あなたを包み込みましょう
あなたが癒され
また大空に羽ばたけるように

大天使アース・エンジェル
マスター・クワンイン（観音）　地球神

資本主義だから格差社会は当たり前、戦争、痛ましい事件などは日常茶飯事の世の中では悲しいですね。私達の多くの意識が変われば世の中が変わります。未来が平和で喜びに溢れたものとなりますように。

「平和への祈り」

人々が苦しむ姿
悲しむ姿に
心を痛め

無邪気な姿
懸命に打ち込む姿
笑いの中に

喜びと深い安らぎを得る
みな心の中では知っている
本来のあるべき姿を
愛するもの達を守るため
愛するもの達を残して去っていった
幾多の魂たちよ

あなた方の思いを胸に抱き
今　平和な世の実現を
ここに誓おう

争いのない世界の実現にむけて
今こそ　心に思い描く理想郷を作ろう

認め合い
愛し合い
喜びの中で
自らを表現できる世界を

大天使アース・エンジェル&地球神

私には、二人の子供がいます。「まったくしようがないんだから」と文句を言ったり、怒ったりしていても、親は子供をいつどんな時も愛してやまないものなんですよね。「それってハイアーセルフの私達に対する愛と同じじゃない！」と気づきました。ハイアーセルフは、私と違い、文句も言わず、ただただ見守っているだけですけど……。私も見習わなくては！

「愛するあなたへ」

私の大切な愛するあなた
どうしたらこの想いをわかってもらえるでしょう
どれだけあなたを愛し　見守っているかを
あなたが孤独を感じ　一人ぼっちで涙を流している時は
ありったけの愛であなたを包み込み
あなたが戸惑いと恐れの中にいるときは
そっと肩を押して導いていることを
あなたは決して一人ではありません
私の愛をハートで感じていただければ
きっとわかるはずです
あなたは私　私はあなた

あなたの悲しみは私の悲しみ
あなたの喜びは私への最高の贈り物
私の愛はいつもあなたと共にあります
ですからどうぞ勇気をだしてあなたのハートに従い
人生を謳歌してください
愛と喜びに溢れ輝くあなたを見て
まわりの人たちがそれに倣うでしょう
その時あなたは　マスターへの道を
確実に歩んでいるのです

ハイアーセルフ

高次の存在とのQ&A

Q：「五次元人」にはどうしたらなれますか？
A：（大天使界&ロード・キリスト・サナンダ&観音からの回答）あなた方は、今まで三～四次元の原因と結果の法則を体験してきました。
それに比べて、これから向かう五次元以上の領域とは、ネガティブなものがなく、愛と光の領域です。愛がすべてです。

あなたは、天国とかシャンバラ、桃源郷などと言われている世界を、体験してみたいと思っていますか？

そして、このアセンションに奉仕したいと思ってくれているでしょうか？

もしそうなら、自らが愛と光を選択すればよいのです。

逆に、愛と光しか選択しないと決めることです。

あなたの周りが今どういう状況であれ、あなたは愛と光を選択し、愛と光の存在になることはできます。

周りにあわせることをやめ、あなたはあなたの選択をすることです。

最初は多少努力を必要とするかもしれません。しかし諦めないでください。

愛と光を選択する努力を続けることによって、確実にあなたは五次元の波動の中で生きることができるようになります。

そしてその時、あなたのまわりも変化していることに気づくことでしょう。

同時に、あなたはまわりの人々にも影響を与えていることになるのです。

それが地上にいるライトワーカー、マスターとしてのあり方です。

どうぞ今すぐ愛と光を選択してください。

Q：未来を担う子供達へメッセージをお願いします
A：（大天使界＆宇宙連合からの回答）幼子の無邪気な様子を見るのは、とても微笑ましいものです。
しかしながら、大人へと成長していくにしたがって、だんだん無邪気さは失われ、深刻な顔つきでうつむきながら歩く様子を見るのは、逆にとても悲しいことです。

あなたが成長する過程において、常識、人間関係、まわりの期待や評価に囚われ、自分のハートに従うことをやめてしまってはいませんか？　自分を見失っていると感じることはありませんか？

疑問や矛盾を感じているあなた。それは、ハートが、魂が、あなたに訴えかけているのです。今こそ、ハートの声に耳を傾ける時とでも言わんばかりに。

あなたが本当に胸をときめかせるものは何ですか？

時間を忘れるほど熱中できるものは何でしょうか？

そのワクワクこそが、あなたを導く道しるべとなります。

それを忘れないでください。人はなりたいものになれるのです。

なりたいものに焦点を当てること。

できるか、できないかなんて余計なことは考えなくてよいのです。

ただ、〝そうなる〟という、あなたの選択だけです。

何かを決めるとき、難しく考えず、また周囲の意見に惑わされないで、ハートに従うことをお勧めします。

ただ、周囲に悪意はなく、自分達の経験を通してよかれと思って言っている事も、どうぞわかってあげてください。

その愛を十分受け取り感謝した上で、あなたはあなたの選択をすればよいのです。

あなた方の未来が、どうぞ笑顔と喜びで溢れたものとなりますように。

心から愛をこめて。

Q：今回のアセンションに関して一言お願いします。

A：（アセンディッド・マスター エル・モリヤ&宇宙神からの回答）アセンションは、分離から統合へと向かう果てしない旅である。

分離の時期は終わり、今まさに統合へと向かっている。

そなたらが、分離の過程で味わってきた、疎外感、孤独感とは違い、統合の過程においては、愛と喜びの中で、一体化を体験していく旅となることを約束しよう。

今回の最終アセンションは、悠久の昔より約束されていた。

そなたらは、遥か昔よりこの時のために訓練を受けてきた勇士たちなのだ。

我が愛するライトワーカーの諸君。

今、すべてを思い出し、この宇宙の最終アセンションに役立ててもらいたい。

長い分離の苦しみは終わろうとしている。

一人でも多くの者が目覚め、愛と光とワンネスの喜びの中で生きることを選択してほしい。

それが、この宇宙を創造し、見守ってきたものの願いである。

新しい弥勒の世で、そなたたちの帰還を楽しみに待っている。

ホームページ「アース・エンジェル ― 愛するあなたへ」http://nmcaa-earth-angel.jp

内なるあなたとの出愛―ファーストコンタクト

那美　Rose Mary

『自分探し』『自己実現』という言葉が、市民権を得てかなりの時が経ちました。近頃は逆に、『自分探し』は不要、無駄というアイディアも広まって参りました。

なぜ多くの人々が『自分探し』をするのか？　しかも、大人になってから始めるのはなぜか？

その答えは、「ハイアーセルフとの一体化」という視点で眺めると、いともたやすく見つかることが分かりました。

そもそも、子どもは、ハイアーセルフと一体ですが、親や先生、友人達などの身近な人達をはじめ、多くの情報に接する中で、比較や競争の概念を身につけていきます。そして、「愛」で生きるより「恐れ」で生きることを学んでいくのです。それが、「ハイアーセルフとの分離」。

一旦は、分離したかに見えるのですが、有り難いことにハイアーセルフは、いつもわたくし達の内奥に存在し、「直観」や「閃き」「ワクワク感」「シンクロニシティ」などの形でメッセージを送り続けています。そう……いつも送り続けているのです。わたくし達に必要なことは、そのメッセージを受け取り、勇気を出して、そのメッセージに従って行動を起こすことだけでございます。

ところで、わたくし達は、誰もが『幸せでありたい』と願っています。では、どんな時に『幸せ』を感じるのでしょうか。それは、「ハイアーセルフと一体化」している時でございます。愛と感謝、喜びに充ち溢れたその幸せな時こそ、あなたがハイアーセルフと一体となっていることの証拠なのです。

ということは、「ハイアーセルフと一体化」している時を増やすことで、『幸せ度』もアップするということになりましょう。

このことから、新しい子育てのスタイルが見えて参ります。なぜなら、人は、『幸せであるために』生まれ、親は、子に『幸せ』を願ってやまないからでございます。そして、それをお伝えすることが、わたくしの神人としてのミッションの要でございます。

わたくしは、子どもの頃から、どこか醒めた目で親や世の中、そして自分自身を見て参りました。とは言え、それは、決して誰かに語るものではなく、わたくし自身の中で昇華させるものでもありました。なぜなら、それを受容出来る大人達が、身近にいなかったからでございます。『いのちとは?』『生きるとはどういうことか?』『死とは?』『わたくしは、何ゆえに生まれてきたのか』と今のわたくしの娘の年頃には、内省しておりました。

何かが違う、何かは分からないけれど、わたくしという存在は、他とは異質であり、居場所がここではないことを感じつつ、誰にも言えないまま、大人になりました。

また、人のお役に立つことへの喜びが人一倍強く、そうした偉業を成し遂げた先人達の本を貪るように読んでおりました。中でも、心魅かれた書物のひとつが聖書でございます。『神』『教会』に心惹かれていたこともあり、日本語訳はもとより、英語版も読みました。念のため、申し添えておきますと、我が家は、無宗教(というより、特定の宗教に帰依することを嫌っていた感もございますが)で、毎朝、父はご先祖様に手を合わせ、初詣に神社を参拝し、クリスマスもお祝いする典型的な日本の家庭でございます。

そんなエキセントリックなわたくしは、当然のことながら、友人達の間でも少々違う存在であることを感じながら少女時代を過ごしました。また、日本語で話すより英語で話す方が自分らしく感じられたり、女子とのコミュニケーションより男子との方が快適さを感じていたりする自分の存在に気付いておりました。でも、それは、わたくしにとって、生きにくく、苦痛だったことから、自分を真白いキャンバスに見立て、すっかり改造。

おかげ様で、功を奏し、普通の人となって、足早に思春期を通り過ぎることが出来ました。

家庭の事情から、早い時期に社会に出ることを余儀なくされたわたくしは、その後、「何者かになりたい」という強い想いを持ち、キャリアの追求の中、『自分探し』を始めました。

『自分探し』を続ける中、わたくしは、探すことよりもむしろ、『取り戻すこと』『自分であること』が重要だと気づきました。英語力、カウンセリング、インナーチャイルド、成功哲学、フェミニズムなど、今のわたくしの志事（しごと）の引き出しの多くは、この時期に蓄えたものでございます。

正に、「必然」と言えましょう。

「必然」と言えば、二十代後半に「瞑想」と出会ったことをお伝えしないわけには参りません。当時、海外の外資系企業でキャリアを積んでいたわたくしは、ずっと「これではない」「この仕事は、わたくしのエゴが選んでいる。ただ何者かになり、認められたくて」ということを知っていました。でも、他に何が？　と、「手放すことへの恐れ」から、「ハイアーセルフの声」をないがしろにし続けていたのでございます。

ある日、同僚の紹介で訪ねたヒーラーとの出会いから、ご縁がつながり、「瞑想」と出会いました。それからのわたくしは、「ハイアーセルフ」「愛」「神」を大切にする人生を歩き始め、「スピリチュアリティ」を学び始めました。

何を置いても仕事を優先していたわたくしが瞑想の会の日になると、同僚達に仕事を託して帰宅。当時お付き合いしていた方との関係性も大きく変わり、『わたくしの人生』という名の車の運転席にしっかりと腰を落ち着け、ハンドルを握ることが出来るようになったのでございます。

そして遂に、退職を決意して帰国。「神」に「明け渡す」ことで、次が入ると確信していたので、転職先も決めずに辞表を出しました。

それまで、周囲の評価が気になり、お付き合いしていた方の機嫌に左右されていたわたくしが、ここまで来るのに、たった四ヶ月間。人は、変わる時には一気に変わるものだと実感したのでございます。

さて、その後、それまでのわたくしは、どこへやら。もう、今までのような依存、他責、比較、競争などの「恐れ」に根差した生き方は出来なくなり、ただひたすら前を向いて歩き続けておりました。

その間、結婚や出産、離婚に再婚と波乱万丈な人生ではあるものの、大きな愛に包まれた安心感、信頼感に支えられ、カウンセラー、トレーナーとしての天職とも言える仕事に就くことも出来ました。

ただ、ひとつ、ずっと引っかかっていたことがございました。それが「アセンション」。気になりつつも、何だかとても怖いことのように思えて、あまり手をつけずにいたのでございます。

ところが、二〇〇八年の秋、父が他界する1週間ほど前でしょうか。わたくしは、ある神職の助けで「イザナミの神」との繋がりを突然思い出すことがあり、今の仕事ではない、何か別のお役があると確信。

その冬、Ａｉ先生とともに学ぶことを決意した次第でございます。それは何ゆえか……、後付けの理屈は、幾らでも並べることは出来ますが、ただただ導かれたとしか申しようがございません。

Ａｉ先生のお導きのおかげで、わたくしが「聖書」や「教会」に惹かれ、ここ数年、「薔薇」のエネルギーを感じていた理由がすぐに分かり、腑に落ちたことから、よりＡ・ｉ先生への信頼感が高まりました。また、今年の二月に、わたくしの「モナド」（＊神智学参照）である「イザナミ神」と一体化。

Ａ・ｉ先生はじめ、メンバー（＝魂の家族）の方々と学びを深めていく内に、わたくしのミッションを思い出し、こちらも確信を得て、「神人創出及び育成」にいそしんでおります。

実は、ミッションの大枠、コンセプトは、数年前にわたくしの中で明確ではございましたが、今ひとつ具体性に欠ける点が気になっておりました。それが、こうした学びにより解決したことは、わたくしにとって、大きな収穫でございます。

この間、ほんの三ヶ月……。

幼少期、少女時代、思春期、そして大人になってからこれまでの全てが、「必然」であり、一見、苦労に見えることも、全て今のわたくし、未来のわたくしのためであること。これまでご縁を頂いた方々への感謝の気持ちでいっぱいでございます。

そして、いつもいつでも、「ハイアーセルフ」は、ここにいてくれていることも……。

そう、わたくしが呼びかけさえすれば、いつでも答えてくれるのでございます。

最後に、現在のわたくしの志事（しごと）について、ご案内させて頂きます。

わたくしのミッションは、愛と光そのもので生きる神人の創出及び育成を通じて、美しい御代を創造することでございます。特に、子ども達に関わる方々の変容と子ども達が、愛と歓びそのもので生きることが出来るようサポートさせて頂いております。

「アセンションをサポートしたい」「人さまのお役に立ちたい」「もっと自分らしく自信を持って生きたい」

「子供の笑顔が大好き」というあなた……。まずは、拙ブログをご覧になってみませんか。

あなたの意志あるところに道は通ずる！　でございます。スピード感を持って、決断し行動を起こした方には、大いなる存在のサポートの手が必ず届きます。

わたくしといっしょに「アセンション道」を極めて参りましょう。


愛と光と感謝をこめて。

高次の存在とのQ＆A

Q．子ども達を育てる上で、大切なことを教えて下さい。
A．（天照大御神、宇宙連合、聖母マリア、イザナミ神〈モナド〉からの回答）
「愛」をベースに育むことです。受験などの進路選択の折にも、「恐れ」からではなく「愛」から決めるのです。善悪、正誤といった判断基準を手放しましょう。裁けば裁くほど「愛」から、「神」から遠ざかります。

また、お子様の本質を否定なさらないことも重要です。あなたがお持ちの価値観や信念を一旦疑ってみる必要もあるでしょう。「男の子なのに」「女の子の癖に」といった基準は、果たして、「愛」でしょうか。人には、無限の可能性がございます。ということは、世の中にも無限の可能性があるということです。今のあなたには、到底無理難題に思えることも、実は容易なことかも知れません。お子様が、「愛」と「意志」を持ち、情熱を傾けられることを見つけ、育んで差し上げて下さい。
Q．時々子どもが本質を突くようなことを申します。どのように対応したらいいでしょうか。

A.（天照大御神、宇宙連合、聖母マリア、イザナミ神〈モナド〉からの回答）

素晴らしいですね。どうぞ子どもの言うこと、と軽く扱わず、承認して差し上げて下さい。すべからくエネルギーであるという観方から考えれば、お分かりかと思いますが、本来、子どもも大人も対等でございます。ただ、今は、あなたのお子様というお役を担って登場しただけのことです。ですから、お子様の言葉に真摯に耳を傾けましょう。むしろ、スピリチュアルな視点から見れば、子ども達の方が「神」に近いのです。親としてのお役を頂いたということは、お子様から、子育てから、あなたが神化することが出来るということでございます。神から与えられた素晴らしいギフト、喜びを持って享受なさって下さいね。

Q．思春期に入り、子育てが難しいと感じることが増えました。何かアドバイスはありますか。

A.（天照大御神、宇宙連合、聖母マリア、イザナミ神〈モナド〉からの回答）

あなたは、お子様を一人の人として、対等に関わっていらっしゃいますか。「子どもだから」「こうすべき」「ああすべき」という枠にはめていらっしゃるのではないでしょうか。お子様の神格（人格）を信頼、尊重し、質問型のコミュニケーションをとることをお勧め致します。それにより、お子様がご自分のハイアーセルフとの対話を進めやすくなります。ハイアーセルフから出た答えは、当然「愛」に根差したものですから、親としても安心出来ますね。また、大人の目から見たら、遠回りに見えることも、本人の神化にとっては、必要なこともございます。人生に無駄はございませんから。ですから、この時期以降は、特に、あなたのスタンスを「親」という文字の成り立ち通り、「立つ木の傍で見守る」ことが肝要でございます。親としては、少々寂しさも感じる時ではあるものの、あなたの「愛」を育むチャンスでございます。優雅に、子育てをエンジョイなさって下さいませ。

那美　Rose Mary

ホームページ「イザナミ・プロジェクト—アセンションとは神聖なる女性性」http://nmcaa-izanamiproject.jp
ブログ　http://ameblo.jp/izanamiproject/

筆アート：伊佐那美

「八咫烏」太陽の使者
白蓮陽子

はじめに―Ａｉ先生との出会い

初めてＡｉ先生のアセンション・アカデミーのホームページと出会ったのは、二〇〇八年のことでした。スピリチュアルの世界に出会ってすぐのことです。出会った時、すごく懐かしくて自然に涙がこぼれていました。「私、やっと戻ってきたんだ、懐かしいな」そう思いました。

しかし、当時はスピリチュアルな世界に出会ってすぐだったので、シリウスって何？　ハイアーセルフって誰のこと？　そんな状態でした。そこで、その時は、メールマガジンだけ登録する形をとらせてもらいました。

その後は、レムリアという存在に出会い、レムリア時代の自分の存在を知り、そのような存在になりたいなと思い、スピリチュアルな世界に進んで行きました。ちなみに、レムリア時代の過去生は、神官です。自分の中のインナーチャイルドやネガティブな感情、過去のトラウマなどと向き合っていく過程で、ハイアーセルフに出会いました。それは、「世界樹」です。正確に言うと、世界樹の意識で、世界樹のネットワークの管理人みたいな存在です。

しかし、世界樹がハイアーセルフですと言われても、正直まさかそんなことはないだろうと、半信半疑でした。

ちょうどその時、なんとなくＡｉ先生がファシリテートするアカデミーに参加してみようと思いました。チャネリングもできないような状況でしたが、なんとかなるかなって思っての参加でした。しかし、参加したとたん、今までまったくわからなかった自分についての情報が雪崩のように押し寄せてきました。そして、気が付いたら、チャネリングもできるようになっていました。なんだか、すごい所だなって思い、少々尻ごみしたのですが、Ａｉ先生が優しく導いてくださったので、ここまで来ることができました。私と、Ａｉ先生との出会いはこんな感じです。正直勢いで参加したところもあるのですが、今になっては必然だったんだなって感じています。

やたのからす（八咫烏）

やたのからす、通常は「やたがらす」と呼ばれることが多いと思いますが、言霊の関係で、「やたのからす」と呼ばせていただきます。

やたのからすについては、神武東征の話や、日本サッカーのユニフォームに登場しているので、知っている方もいるかもしれません。また、飛鳥昭雄氏の『「八咫烏」の謎』を読まれている方もいらっしゃるでしょう。

ここでは、「地上のやたのからす」については、詳しく触れませんが、飛鳥氏の本をお読みの方は、この内容について大体知っているでしょう。

地上にもやたのからすは存在しますが、私が属しているのは、地上ではなく天界の方なので、今回の話はそちらについての話になります。ただ、「天にあるごとく、地にもしかり」なので、地上のやたのからすとは、対になっています。もし、地上のやたのからすについて知りたい方は、飛鳥氏の著作に詳しく載っていますので、そちらを参考になさってください。

では、天界のやたのからすについてです。

今まで、やたのからすという組織が天界に存在するということを知っていらっしゃる方は、ほぼいらっしゃらないかと思います。というのも、存在自体がトップシークレットになっていましたので。天界においても、誰がそのメンバーであるかは、秘密にされています。それは、なぜかといいますと、この組織の役割に理由があるのです。主な役割は、忍者のような隠密の仕事です。宇宙の秘密警察のような感じですね。宇宙連合などのような大きな存在ではなく、あるお方直属のお庭番になります。といっても、組織的にはそれなりの力を持っています。

この組織を作ったのは、「神武」と言う名の「太陽神」になります。どこかで、聞いたようなお名前ですね。そう、初代天皇と同一人物なのです。正確に言うと、神武天皇は、太陽神の神武の地上セルフになります。そして、太陽神の神武は、「太陽神の男性的な側面」を表している方です。ちなみに、「金鵄《きんし》」と呼ばれているのも、この方です。だから、やたのからすは、この方に仕える者になります。詳しくは、この後に本人から語っていただくとして、簡単に説明するとこんな感じになります。

最後に、私についてです。私は天界におけるやたのからすのメンバーの一人で、巫女の役割を担っている者です。少々、変わった役割を担っているので、今回この場でお話するのが、私になったのだと思います。やたのからすにおいて最も裏方である存在が巫女です。その私がここでお話するということは、とても大きな意味があります。これは、金鵄から、やたのからすについての秘密を話してもいいという正式な許可でもあり、やたのからすの存在を表に出してもいい時が来たんだということです。このようなことは、今まで一度もありませんでした。

私ひとりが話してもなんですし、「金鵄」も交えてやたのからすについてもう少し詳しくお話させていただきます。

高次の存在との対談

陽子：では、金鵄にも登場していただいて、やたのからすについてお話させていただきます。

金鵄：あぁ、よろしく頼む。

陽子：今回、やたのからすについての情報を表に出すことになったのですが、その経緯についてお話いただけますか。

金鵄：簡単に言うと、時期が来たということだな。

この宇宙には、アセンションを妨害しようというものも確かに存在するのだ。その者たちと話し合いで物事が解決できればよいのだが、そうもいかない状況でな、様々な組織は存在するのだが、どうも正規の組織では難しい事がある。例えば、事件になる前に秘密に処理しなければならないことや、少々手荒なまねをしなければならないことだ。そこで、そういうことをこなす組織を個人的につくったのだ。私の組織なので個人的にすぐに動かしやすいし、臨機応変に物事に対応させやすい。

そもそも、つくるきっかけになったのは、この宇宙の雛形でもある地球が3次元に次元が移ったからだ。地球に何かあれば、それは宇宙全体に影響することになる。そんな地球だから、地球を手に入れようと企むものたちがいる。そんな者たちの相手を3次元になった地球のものたちができるかといったら、正直難しかった。それで、そんな地球を手に入れようとする者たちに対抗できる組織を作ろうと思い立ったわけだ。
しかし、今回のアセンションで地球の次元が上昇する。それで、当初の目的はとりあえず達成ということになる。そこで、そろそろやたのからすを表に出してもいいかと判断したわけだ。やたのからすの役目も次の段階に移る時がきたというわけだな。（註：二〇一〇年度より、金鵄および天地のネットワークも新しい体制に入っている）
陽子：確かに、やたのからすの設立はその頃ですよね。大体、五千年から六千年前になりますね。地球で言えば大洪水の後ぐらいですか。あの時に、いろんなメンバーをスカウトされたのですよね（国常立神としては五万年前）。とは言っても、もともと金鵄に近しいメンバーばかりですね。
金鵄：私のお庭番だからな、どうしても近しいものになる。地上の方は日本に神界のエネルギーが降ろされた時に、日本を守るために作った。日本は神界の雛形であるから、守り抜かねばならないのだ。もちろん、地上の組織も私が作ったわけだが、こちらも天界と同じで、その存在を表には出してはいない。もちろん、金鵄の正体も秘密にしてきた。というより、私自身の存在を表に出していないのだがな。主なところでは、八幡大菩薩、熊野の祭神などは、全て私のことを指す。八幡大菩薩は、応神天皇のことだが、応神天皇と私（神武天皇）は、同一人物だから、八幡大菩薩は私のことになる。熊野は、もともとやたのからすの本拠地だからな、当然祭っているのは私ということになるのだ。熊野三山のなかでは、大斎原に私のエネルギーがあるから（上陸地点）、興味があれば行ってみるといい。
陽子：それと、どうしてやたのからすという名前かというと、太陽神が作った組織だから、からすなんですよね。からすとは、太陽の黒点を意味し、太陽が存在するから黒点も存在する。つまり、太陽神が存在するから、からすも存在するというわけですね。

金鵄：組織について説明すると、私を頂点にして構成されている。私の命の元にみなが動くというわけだ。もともと人数が多くはないので、集団で行動をすることもあるが、通常は単独行動が多い。忍者だから、集団でいるより単独での方が仕事がやりやすい面もあるからな。仕事内容は、危険な場所での調査や、アセンション妨害勢力の攻撃を防ぐことなど、宇宙の秩序の管理になる。

陽子：普通の人より危険な仕事が多くなりますね。それで、やたのからすのメンバーは武力も必要となるのですね。それが理由で、やたのからすは、主に男性が多い組織となっていましたね。例外が、巫女ぐらいですね。巫女は女の役割ですので。

金鵄：陽子の場合、他のものより武力にも秀でているぐらいだが。

陽子：それぐらいじゃなければ、巫女なんてやってられません。それぐらい、危険な仕事が多いんですから。人数が少ないので、結構掛け持ちで仕事しています。といっても、私自身の特性に合った仕事になりますが。

金鵄：さすがに、無理はさせられんからな。お前の場合、勝手につっぱしる面があるから、自業自得でもある。巫女だから、守られる立場でもあるというのに、守護しているものが苦労しておるぞ。

陽子：後で、謝っておきます。

　ところで、今回やたのからすについてお話する目的のひとつについての話にいきましょうか。ずばり、その目的とは？

金鵄：天界のやたのからすのメンバーでまだ目覚めていないものがいる。そのものの目覚めを促すことと、この星を守るためのメンバーを目覚めさせることだな。
　この話自体に、さまざまなキーワードが散らばっている。まぁ、目覚まし時計のベルにもなっているから、もしかしたら、何か思い出すものもいるだろう。
陽子：そうですね。時間が無いので、かなり確信に迫った内容が散らばっています。今回の内容だけで、天界のトップ・シークレットの大部分が出ていますから。
金鵄：概略は、わかるように設定してあるからな。関係のあるものなら、何か感じるところがあるだろう。
　しかし、目覚め始めたばかりは一番危ない面もあるので、何かあったら陽子の方に連絡するといい。陽子を通して私が対応させてもらう。
陽子：あと、くれぐれも興味半分で、地上のやたのからすに近づこうとしないでくださいね。火傷ですまないかもしれません。それと、私自身地上の方は、管轄外なので接点がありません。私は、あくまで天界側のポータルですので。
金鵄：天界側としては、今後、他の組織とも連携して、アセンションのサポートを行うことを最大の目的としている。
陽子：これに関しては、実際急ピッチで行っています。アセンション妨害勢力の攻撃を食い止めるために、さまざまな方々と協力して宇宙規模の連合を作ったり、眠っている地球の力を目覚めさせるために尽力したりと、様々な活動を行っています。
金鵄：今後は、裏方だけではなく、徐々に表にも出てくるだろう。はっきりした時期は言うことはできないが、それは遠くない未来だ。日はまた昇る。

陽子：私は、そのための準備係のひとりというわけです。しかし、日はまた昇るですか、いい言葉ですね。
金鵄：ハハハハッ。
陽子：では、今回の対談はこの辺にしたいと思いますが、最後に金鵄からどうぞ。
金鵄：今、宇宙全体が未曽有のアセンションに突入している。グズグズしている暇はもう残されていない状況だ。自分がどうしたいか、よく考えて行動することだ。自分の魂の声を聞き行動すること、それが今一番大切なことになる。
高次のものは皆、このアセンションをサポートしている。それを忘れんようにな。どの道を進むにせよ、自分次第というわけだ。

今後の動きについて

今後は、ますますアセンションに伴う変化が加速していくでしょう。そのため、私個人としてもやたのからすの役目が増えていきます。とりあえず、天界のやたのからすのポータルの任務を任されていますので、その仕事も始まっていくかと思います。金鵄が言いましたように、この文章を見てどうしても気になる方や、変化が起きた方は、対応させていただきますので遠慮なくご連絡ください。ただ、天界のやたのからすについてのご質問はお受けできかねる面もございますのでご了承ください。もともと、隠密なので。
この文章が、みなさんのアセンションのお役に立てれば幸いです。

高次の存在とのQ&A

Q：今回のアセンションにおいて、なぜ日本神界における天津派の神々を中心にアセンションが動いているのか。地上の神々（国津派）ではなく、なぜ天界の神々（天津派）なのか？

A：（宇宙神からの回答）大きな理由の一つは、それぞれの管轄している規模の違いも大きい理由である。天津派は、この宇宙規模の力の働きを管理している。一方、国津派はこの地球上の力を管理している。

また、今回のアセンションが地球規模ではなく、宇宙規模であるということ。そのため、今回のアセンションにおいてメインになっているのは、天界の神々である。

そのために、アセンションを目指すものは、地球規模で考えるのではなく、宇宙規模で物事を見るようにして欲しい。それが、アセンションへの近道になるだろう。地上から物事をみるよりも、空から物事を眺めた方が、物事の全体像がつかみやすい。「大は、小を兼ねる」、その言葉通り、宇宙規模で物事を考えるということは、必然的に地球を含めて物事を考えているということになる。

しかし、地球規模で物事を考えてもそこには、地球以外の宇宙は含まれない。

だから、今回のこの宇宙規模でのアセンションにおいて天津派の神々にフォーカスして欲しいのだ。スピリチュアル・ハイラーキーにおいても同じ。ぜひ、宇宙規模での働きにフォーカスして欲しい。

資格なんて難しく考える必要なんてない。全ての人々にその資格はあるのだから。本人がやりたいと立候補すること、それだけだ。高次のものは皆、人々が立候補してくれることを心待ちにしている。全力でサポートもする。本人の意思、それが最も大切なこと。

A：（神界宇宙連合からの回答）このアセンションは本当に特別な機会なんだ。また、これほど大きな規模でアセンションがあることは未だかつてありえなかった。そして、これほど大きな可能性を秘めたアセンションも。今回のアセンションは、より多くの人々が、より高次へアセンションすることができるんだ。機会は平等に与えられている。なんといっても、宇宙規模のアセンションなのだから。

Q：チャネリングにおいて、自分がチャネリングをしていると気がつかないことや、これがチャネリングなのか判断がつかないことがありますが、チャネリングについて大切なことは？

A：（神界宇宙連合「ライト」からの回答）最も大切なことは、信じることだよ。自分はチャネリングをすることができるって信じることが、第一歩になる。疑う心は、我々の声を聞こえなくしてしまうんだ。

実際、みんなチャネリングをすることは、可能なんだ。人それぞれ得意なスタイルがあるとは思うけど、できるんだよ！　というか、みんなすでにチャネリングを行っている。それは、直感だったり、ふと思いついた言葉だったりするんだけれど、それも立派なチャネリングなんだ。たまに、自分は考えていなかったようなことが心に浮かんできた経験はないかな。それは、高次からのメッセージだったりするんだ。みんな、気のせいだって思ったりするようだけど、それは立派なチャネリングなんだよ。今度からは、気をつけて感じてみて欲しい。そこに気がつくことが大切な第一歩になるから。気がつくようになると、どんどん受け取るメッセージが多くなる。そのうち様々な存在とも会話ができるようになる。

でも、最初は正直迷ったりするかもしれない。そういう時は、しっかりした先生の下で勉強することも大切になるよ。

A：（アシュター・コマンドからの回答）やぁ！　初めましての人も、お久しぶりの人もいるかな？　少し話がしたくて来させてもらった。

私の方から、アドバイスをさせてもらおう。チャネリングにおいて、様々な存在が登場すると思う。有名なところは、ロード・キリスト・サナンダや、エル・モリヤ、セイント・ジャーメインなどかな。そういう存在とチャネリングする場合、たまに他の人のチャネリングのメッセージの時と、話し方が違うと感じることもあるかもしれない。そういう時に、自分のチャネリングに迷いが生じるかもしれない。

そしてチャネリングにおいては、必ず、自分のハイアーセルフを通してチャネリングを行う。その時に、多少ハイアーセルフを通じて降りてくる言葉が違うかもしれない（内容はまったく同じでも言葉使いが違う）。それでも、いいんだってことをここで言わせてもらう。もともと、高次はエネルギー同士の会話なので、それをハイアーセルフが通訳してくれている。その時に、少し言葉使いが変化するだけだから。大切なのは、そのメッセージの内容やそこから感じるエネルギーなのだから。


ホームページ「Yatakarasu」　http://nmcaa-yatakarasu.jp/

NMCへの扉―ひふみ始まりミロク開き

ひふみ

ひふみの息吹　聞こえるか　　ひふみの息吹　神の呼吸ぞ
ひふみ胎動《うご》きて　ミロク明け　　ミロク開きて　菊華成る

ひふみの息吹　神の呼吸　　神のリズムは　歓喜のみ
神に溶け入り　神から発する　　神知り　神向き　神と生く

ひふみ現し　日の本に　　神の振動　取り戻さん
神（真）の言波《ことなみ》　神（真）の鼓動　　神（真）の分け子の　魂《たま》に響かん
日《ひ》戸《と》に目覚めよ　神に生きよ　　神人《かみひと》　真の　世明け成り
ひふみ各々噛み締めよ（神占めよ）　人は神なり　神は息（生く）なり

∞根源神界∞ひふみ神界∞ミロク神界∞天照太陽神界∞

皆さん、はじめまして！　ひふみ（三十三歳女性）です。今、私のお腹には、５ヶ月になる赤ちゃんがいます（二〇〇九年夏現在）。新たなる生命の息吹、胎内という神秘の宇宙……それらに思いを馳せながら、この原稿を書いています。このような素敵な時期に新しい出会いの場を頂きましたことを、大変嬉しく存じます。どうぞ宜しくお願いいたします。

私は今生、アセンションを明確に意図し、地上に生まれて来ました。

皆さん、こう強く感じた瞬間は今までにありませんか？

「私には、やらねばならないことがある……！」

私は、幼い頃から心の奥底で、そのような想いを抱いていました。それは強く確かなものであり、その想いこそが自分であると言っても良いくらいのものです。この書籍を手にとってらっしゃる方々の中にも、「地球のために役立ちたい」「未来のために、今のままで良いのだろうか？」という想いを抱いている方は、きっと多くいらっしゃるのではないかと思います。そしてその想いはまさに、ライトワーカーの証であり、真の自己ともいえる本当の自分への道標となるものです。大切に見つめ、そこから真なるものを探求していって頂きたいと思います。

私のミッション（自ら定めた使命、天命）は、そのような思いを抱いている方々をサポートし、導き、真のライトワーカーへと育成することです。私は子供の頃から「将来は教師になりたい」と考えていまして、現在は塾講師をしています。しかし、自分が本当に伝えたい・教えたいと思っていることは、勉強と呼ばれる制限されたものではなく、宇宙の体系や真理、アセンションに至る進化（神化）の道筋についてだ！　ということが、Ａｉ先生と学び始めてから明確になりました。それは未来の学校であり、真理の学校でもあります。自然豊かな場所で、年齢問わず学びたいという意志を持つ方々と「宇宙の叡智」について共に学び、ともに成長しながらアセンションに貢献したいと考えています。

私のミッションは以上の通りですが、皆さんにも必ずそれぞれのミッションがあります。それがあるからこそ、今生地球に生まれて来ているのだということを、どうか思い出していただきたいと思います。私は、自分のミッションが明確になってから、全ての道が照らされ、全ての出会い、出来事がそれに繋がり、その一点に収斂しているということをよく感じます。逆に言えば、全ての出会い、出来事を注意深く観察することでミッションは必ず見つかるということです。ですから、今この書籍を手に取り、読んでいらっしゃる方は、間違いなくライトワーカーであると言えますし、答えは既におのおのの心の中に出ているのだと言えるでしょう。

さて、ここまでミッションについてお話させていただきましたが、私にはもう一つ別のミッションがあります。

それは自己の御神体の存在する根源ひふみ神界のエネルギー・振動をこの日本に降ろし、広めることです。「日本」＝「日ノ本（ひのもと）」であり、太陽（日・マルテン）であり、菊であり、宇宙の中心に繋がる場です（詳しくは白峰先生の著書をお読み頂けると良いと思います）。ライトワーカーである皆さん方は、それぞれがまばゆく輝く光です。皆さん方それぞれが、地上セルフとハイアーセルフ（または自己の魂や御神体）との光の架け橋を結ぶことで、光の管が繋がり、より精妙で力強いエネルギー、振動がこの地上にもたらされます。

私は、地上セルフと御神体の一体化により、ひふみ（創始の根源）神界と日本を結ぶことを目指しています。それにより、地球上に根源からの力強い息吹、胎動のエネルギーをもたらすことが出来、アセンションという上昇・統合する動きに寄与することが出来ると考えています。

それらを具体的にどう行っていくかといいますと、まず一つ目に、冒頭で掲載させていただいたような『ひふみ神示の中今最新版』をお伝えするということ。また、同じく日ノ本・ヤマトの菊の心を顕したものとして、『御神歌』を伝えること。どちらもフルコンシャス下で受け取っているチャネリング・メッセージです。以前は、自分がチャネリングを行えるようになるとは全く想像していなかったのですが、真の自己を探求する中、ハイアーセルフへの質疑応答などをサイエンスしていくことで、自然とエネルギーの感じ方、合わせ方が身につき、Ａｉ先生のアセンション・アカデミーへの参加から三ヶ月ほどでメッセージを感じ受け取ることが出来るようになりました。今までに受け取ったメッセージに関しましては、文末にありますＷｅｂ内に全て記録してありますので、ご一読いただきエネルギーを感じていただければ幸いです。

これらのメッセージを通し、「日ノ本・日本」が本来持っている創始・根源の振動、菊の中心の振動を伝えることが、もう一つの自分のミッションです。根源ひふみ神界に存在する一体化した自己を思い浮かべながら、自ら光の柱となり、創始のエネルギーを起動させていきたいと思います。

地球維新

最後にもう一つ、「維新」の話題で締めくくりたいと思います。

皆さん、「地球維新」という言葉をご存知でしょうか？　こちらも詳しくは白峰先生の著作に記されていますが、今回のアセンションはまさに「維新」なのです。

「明治維新」では、それまで続いた江戸幕府が終わりを告げ、天皇中心の世に戻りました。身分制度も改められ、暦や単位、宗教や教育など様々な分野で統合と刷新が図られた時代でもあります。そしてそれらは、ほんの少数の維新の志士たちによって成し遂げられました。また、流された血が他の歴史上にある革命や内戦と比べ非常に少ない、ということも特筆すべきことでしょう。

維新の志士たちは、果たして何を想い、何を目指していたのでしょうか。そこにはきっと「新しい日本を創るのだ！」という強く熱い情熱があったのだと思います。そして全ての志士が「戦い」のみを推し進めたわけではありません。同盟を結ぶこと、新しい思想と教育を広めることなど、それぞれがそれぞれの得意分野を生かし、維新という大きな動きの一翼を担いました。

今回の地球アセンションについても、その核となるものは同じではないかと思います。ライトワーカーたちが、それぞれの得意分野を生かして、新しい地球、未来の創造のために理想を掲げ、行動していく。天変地異などのハードランディングではなく、なるべくソフトランディングをするための努力も行われていることでしょう。

この地球アセンションの維新の志士たち（貴方を含むライトワーカーの皆さんたちのこと！）は、皆、それぞれに自分でやるべきことを定め、準備も十二分に行った上で地上に生まれてきています。それぞれに役割は異なりますが、皆、目指すところは同じです。地球を新しい宇宙（ＮＭＣ）へとワープさせ、ミロクの世と呼ばれる光の世界を創り上げること。これがアセンション＝地球維新の目指すべきゴールであり、ライトワーカーの目指すべき場所でもあります。

そういった意味でも、アセンションは皆さん一人ひとりで創り上げていくものであると言えます。巷で言われているように、二〇一二年になったら自動的に五次元に切り替わるわけではなく、高らかに響くクラリオンコールの中、目覚めるべき人が目覚め、やるべきミッションに邁進し、そのプロセスの中で、真の自己へと向かい、自らを再発見し、自己の全ての歴史を統合しながら進化（神化）を遂げること。それが宇宙史最大と言われる今回の地球アセンション、地球維新です。

私・ひふみは今生、アセンションに関する宇宙の叡智を体系化したアカデミーを立ち上げ、ライトワーカーおよび神人の育成に精進し、同じく真の自己を探求する魂の家族たちとともにNMCでの新地球創生に携わって参ります。そしてそれを必ず成し遂げることを、今、ここに誓います。

今までの自らのアセンション・プロセスについてや、チャネリング・コンテンツ、アカデミーについてなどは、文末に記載したホームページにて展開しています。地球アセンションを目指すライトワーカーの皆さんのご来訪を楽しみにお待ちしています。いっしょに地球維新の動きを広めて参りましょう！！

高次の存在とのQ＆A

Q：「ひふみ神示」にはどのような役割がありますか？

A：（根源神界、ひふみ神界、ミロク神界、天照太陽神界、天之御中主神からの回答）

ひふみとは、「根源の光の呼吸、光の息吹」である。

それが地上に降ろされるということは、地上に根源の光が芽吹くということである。

全てを創り、全てを照らし、全てが歓喜の根源の光の世界の振動をひふみ神示に込めて地上に降ろし、全生命と共振させる。

それは、日の本・太陽民族のＤＮＡを活性化し、黄金人類への目覚めを促す、起動スイッチの一つとなるだろう。

Ｑ：アセンションの途上で私たちが目指すべきものは何ですか？

Ａ：（ロード・キリスト・サナンダ、アセンディッド・マスター エル・モリヤからの回答）

まずは、光の導管になることである！

より高次のものにフォーカスし、自らの状態を高め、高次の光を地上へ降ろす役割に目覚め、２４時間そうあるように努めて欲しい。

光を降ろす中で、更には光の柱を目指してもらいたい。

それは揺るぎない地上のポータルとなり、より高く精妙なサポーター、コ・クリエーターたちが集う場となるであろう。

そして最後には、自らが光を発する源となって欲しい。

貴方がたは皆、光の存在そのものであり、何にも制限されない。

それらを思い出し、光そのものである自己を発現し、地上を光で満たすことがアセンション・ライトワークの柱であると言える。

Ｑ：自分のミッションを見つけるにはどうしたら良いですか？

Ａ：（Ｈ．Ｐ．ブラヴァツキーからの回答）自らを知ることである。そして同時に、自らを信じることである。

貴方がたのハートのセンサーに尋ねなさい。

その答えは明確で具体的なものでないかもしれないが、必ず「在る」。

なぜなら、「したいこと」「すべきこと」があってこそ、今地上に生まれ、そう自らに問うているのだから。

答えがあるから、問があるのだと心得なさい。

そして、問うことが答えへの最も近道であるということも。

その答えは、自分の与り知らないところで生まれているのではなく、貴方がたの心の中に既にあるものであり、答えるのは常に自分である。

自己に問い、求めなさい。

ホームページ「ひふみ∞三六九―アセンションへの扉」http://hihumi369.net

ブログ「ひふみ369―アセンション日記」http://blog.goo.ne.jp/hihumi369

アセンションへ向かって！

白神宗司

「なぜ人は生まれてくるのだろう？」
「ただ生活をよくし、幸せになることが人生の目的なのか？」
「このまま世間の常識や価値観に合わせながら生きていくのだろうか？」

これまでは、このようなことを考えながらも答えがわからず、世の中の不条理に対して、自分は無力でどうすることもできず、家族や職場が要求する生き方、つまり経済的に豊かになることや、世間に評価される生き方を選んで生きてきました。五年くらい前からはスピリチュアルな世界に夢中になり、霊性向上のために生きているのだと納得したような気でいましたが、生活そのものは極めて三次元的でした。

個人の問題なら、「人生は霊性向上のためにある」でいいかもしれません。しかし、三次元的で、政治や経済、国際情勢などに関心が強かった私にとっては、どう考えても日本が、そして世界がおかしな方向に向かって進んでいるような気がしてしかたがなかったのです。

「このままいったら地球はどうなるのだろう？」

そんな中、友人にすすめられたブログを見てはじめてアセンションについて知りました。二〇〇七年のことでした。それまで精神世界に関する書籍はたくさん読んできましたが、それらは個人の問題に関するものがほとんどでした。しかし、アセンションとは、個人や国家を超え、地球レベル、宇宙レベルのものでした。

私は衝撃を受け、すぐに夢中になって情報を集めました。

地球が次元上昇する？　地球がフォトンベルトに突入する？　時間が止まる？　ポールシフトが起こる？　大災害が起きて宇宙人が助けに来る？　半霊半物質状態になる？　いろんな人がいろんな情報を発信していました。

どうしてこんな重大なことを自分は今まで知らなかったのだろう？　しかし、よく考えてみるとマスコミはアセンションについて一切報道していません。当時私は海外で日本語講師をしていたのですが、その国のネット上でもまったく情報がないのです。とにかく人に伝えなければならないという衝動にかられ、情報の内容が真実かどうかもわからないまま、まわりにいる学生や同僚、家族や友人に伝えていきました。やはり誰もアセンションのことを知りませんでした。

しかし、人類や地球が変化するにしても、では自分はどうすればいいのか、ということについては何もわかっていませんでした。

でも、意識していれば潜在意識（ハイアーセルフ）は探してくれるものです。二〇〇八年、Ａｉ先生のアカデミーのメールマガジンに出会ったのです。そこで読んだものは、それまで読んできたアセンション情報とはかなり内容も方向性も違ったものでした。単に情報を提供するというものではなく、アセンションするためにはどうすべきか、またアセンションに関する様々なテーマを自ら考えるように導き、参加するメンバー全員が向上できるようにサポートしてくれるものでした。

特に二〇〇九年初頭からの膨大な量のメルマガには圧倒されました。読んでいてびっくりしたのは、参加しているメンバーの方々がハイアーセルフやスピリチュアル・ハイラーキーとつながっていることでした。

私はたくさんの情報を集め、人に伝えているにもかかわらず、自分自身が高次元とつながっていないことに気がつきました。

その頃から、今年は何としても日本に帰らなければならないと思うようになりました。今思えばそれはハイアーからのものだったのです。そして高次元は私が日本に帰るための方法を探し出してくれ、日本に帰ることが決まってすぐにA・i先生のアセンション・アカデミーでの学びに参加を申し込みました。

その当時の私のスタンスは、日本で一定期間アセンションについてできるだけたくさんのことを学び、私が住む海外でアセンションについて発信し、人々を導いていこうというものでした。

そのころから直感に対して少しずつ鋭敏になっていきました。ある日、空を眺めていると、ゆらゆらと動く繊細な光をキャッチしました。直感的にこれがフォトンだとわかりました。またある日、朝日に誘われて海外の名山のひとつに数えられる山に登り、自然と一体化し、自然の中で瞑想することのすばらしさを知りました。そしてその道中、光る石が目に入り、記念に拾って帰りました。こういったことは三次元的な私にとっては非日常的なことでした。

四月下旬に帰国した私は、五月初めにA・i先生の個人セッションを受けました。聞かせていただいたお話は（陰謀論のウラのウラ、マル秘のマル秘！）、頭から湯気が出るような内容でした。不思議なことにその時から、セッションを受ける度に、いろんなシンクロニシティが起こるようになったのです。

ある他のセミナーでは、チャネラーと出会い、私の置かれている状況をチャネリングしてもらえました。その内容は、当時私が住む海外でアセンションの活動をしなくても、「日本がアセンションすれば世界がアセンションする」というものでした。そしてそのセミナーで出会った人たちから後に交流が広まっていき、毎月アセンションに関する勉強会を開くようになりました。

しかし、その頃私にはある葛藤が生じ始めました。

「日本がアセンションすれば世界がアセンションする」

これは、Ａｉ先生もおっしゃっていることであり、また、本書の推薦図書の白峰先生の著書の中にも書いてあることです。つまり、「アセンションは日本が推進する」ということです。帰るのか、それとも日本に残ってアセンションを推進していくべきなのか、これは顕在意識の頭で考える問題ではなく、ハイアーセルフがどちらを望んでいるかという問題です。

私は何度も瞑想し、ハイアーセルフと対話しました。何度対話してもやはり答えは同じでした。日本に残るということです。頭で考えると悩みますが、ハイアーセルフに従うことを決めると急に心が軽くなりました。


そして二〇〇九年の夏に、「謎の国家風水師Ｎ氏」の命で、ある山へ神事のために行ったのですが、そのときに得た感覚は、「ハイアーセルフに従えば高次元がサポートする」というものでした。

実際、今の私は必要なもの、必要な人、必要な状況をどんどん引き寄せつつある時空にいます。読みたいと思っていた本、ほしいと思っていたもの、会いたいと思っていた人が次々と引き寄せられてきます。私が主催する月一回のアセンションの勉強会の中からは、私をサポートしたいという人まで現れました。

アセンションにはいくつもの側面がありますが、キーワードのひとつは、「分離から統合へ」です。つまり、分離していた私たちの顕在意識と潜在意識（ハイアーセルフ）が統合されると、高次元からのサポートがあり、現実を創造していくことができるのです。したがって私たちが目指しているのは、常時、自己のハイアーセルフと一体化できるようになることです。

まだまだ目指している状態からは程遠いのですが、指導してくださる師がいるというのはすばらしいことであり、早く他の人を導いていけるよう指導を受け、自らも努力しているところです。

ハイアーセルフとのQ&A

Q：「ハイアーセルフ」をどのように理解したらいいですか？

A：「ハイアーセルフ」は日本語で、「高次の自己」ですね。一般的によく使われている言葉としては、「魂」や「潜在意識」とほとんど同義語です。私たちは三次元世界に生まれて育っていくうちに、だんだんハイアーセルフと「精神」、「心」、「顕在意識」などと呼ばれるものが分離していきます。それは、育つ環境、親のしつけ、学校の教育、そして世間の常識やまわりの価値観などによって、だんだん自分に対して制限を設けるようになるからです。「そんなことは有り得ない」、「あんなことは自分にできるはずがない」、「見たことがないものは信じられない」と三次元の顕在意識はハイアーセルフを無視します。

しかし、ハイアーセルフには制限などないのです。しかも無限にどこまでも高次元とつながっているので、自己の価値や目的と高次元のそれが合致した時は、高次元のサポートを受けることができます。したがってハイアーセルフを信じ、三次元的な思考で自己を制限しなければ、頭では考えられないような方法で高次は物事を実現させます。

例えば、何か直感、ひらめきなどがあった場合、「これはハイアーセルフから来たものだから実現可能だ」

と考えて、実現した自分を明確にイメージすれば、実現に至るプロセスは高次元が準備してくれます。そしてハイアーセルフと一体となっている時はワクワクしています。反対にハイアーセルフから来た直感を「それは実現不可能」と無視すれば、実現しなかったり、または実現するのが遅くなったりします。

ハイアーセルフの次元をどこまでも上っていくと、最後は「一なる根源」に行き着きます。したがってこの時代に生きている私たちのハイアーセルフは、アセンションのことを知っているのです。つまりアセンションを実現させようとする生き方をすると、ハイアーセルフと一体化しやすくなるということです。そして私たちの意識が日本、世界、地球、全宇宙と拡大していくにつれて、私たちはさらに高次元のハイアーセルフと一体化するようになります。

私たちは皆、地球、そして宇宙がアセンションしていくにあたって、何らかの役目があります。その役目（ライトワーク）を少しでも果たそうとする時、私たちの心はワクワクし、ハイアーセルフと一体となって高次元がサポートし、シンクロニシティやミラクルが起こるのです。

ホームページ「アセンションへ向かって！」http://nmcaa-go-to-ascension.jp/

神界宇宙連合出神式──地球アセンション・チーム

弥日子　Mireiya

Ａｉ先生との学びと驚異の展開！

二〇〇八年七月から、私はひと夏、全身全霊でＡｉ先生と呼ばれているその人に没頭しました。その時点で私はＡｉ先生がただ者でないことを察知しました。後戻りできない所に来るまでに時間はかかりませんでした。その年の秋には、自らの意思と当時のハイアーセルフの強烈な導きがあり、学びを始めましたが、日本神界の内容と日本人ライトワーカーの特別な役割についてはほとんど記憶が有りませんでしたので、是が非でもはっきりさせたいと思いました。

Ａｉ先生の通信制サポートが始まり、自己の闇を段階的にクリアしていきました。根源神界の愛のポータルであるＡｉ先生の元に集まった私たちは、根源の膨大な愛を受け取り、自己の「中今」の意識を拡大進化させて、過去と未来を修正します。

そして、自らがその根源の愛を発現していくことを学んでいます。

私たちの学びは無限に拡大して行くのだと思います。

私がＡｉ先生を通して、はじめて根源の愛を受け取った時はこんな感じでした。

たしかに知っている肌触りの懐かしさ。

受け取るままに浸っていたい温かさ。

永遠にさがし続けてきた恋しさ。

その全てが満たされ、私は多次元世界にいました。

その瞬間、それまで気にしていた分身の闇の体験が消えていました。

桃色の花に包まれているような感触が何時間も続きました。それは、子供の素直な心に戻してくれるような母のエネルギーであり、どんな時も母なる根源と繋がっていたのだという大きな安心感でした。

私はこんな根源の愛を発現出来るようになろうと本気で考えています。

私の中今、トップの目的はこの本を手にされている皆さんのアセンションのお役に立つことです。

そのサポート計画の母体ともいえる神界宇宙連合と私とのコンタクトがスタートしたのは、二〇〇九年一月のことです。私は自県のとある神社を参拝しました。そこで神界宇宙連合からの「ファースト・コンタクト」があり、私の中に、新しいハイアーセルフのＡＩＲ（アイル）が登場しました。私はアイルに導かれて、神界宇宙連合の出神式の映像を顕在意識で観ることが出来るようになりました。そこにはいつも、司令官のアセンディッド・マスター　エル・モリヤがいました。その頃の司令官モリヤとの通信はアイルを中継して行われていました。地上セルフ（私）にとっては感動の連続でしたが、当初は、受信の内容の的確な判断が出来ないこともあり、しばしばＡｉ先生にサポートしていただきました。

一月から現在までの半年間は、この「神界宇宙連合」(Shamballa Starfleet) の『出神式』の最終準備であったようです。その最終準備は、Ａｉ先生をはじめとして神界及び全てのスピリチュアル・ハイラーキーと仲間たちとの協働で行われました。

ここでハイアーセルフのアイルについて簡単に紹介します。

「出神式」のミッションに関わっていたアイルは、神界宇宙連合のメンバーであり、私の未来セルフでした。

私の全てを知っているアイルは、『歓喜』のエネルギーそのものでした。私の心の中に突然、『百パーセントポジティブな、もう一人の自分』が現れたのです。「自分たちの全てが変わっていく予感」に、アイルとは、何時間も何日間も喜び合いました。

私の中に初登場した時のアイルのエネルギーを再現してみます。

「やっと逢えたね！　アイルだよ！　君の願いはぼくの願いでもあるんだ。間に合わないなんて心配はしなくていいんだよ。全ての事がこれからベストのタイミングで展開していくとイメージするんだよ！

ぼくは君が想像できる最も喜びに満ちた世界をみてみたい。最も精妙な愛の世界、最も自由を表現できる世界をね。

それがぼくたちの新しい故郷なんだ。

これから共に創造していく故郷なんだよ！」

アイルのエネルギーは、今でも眩しいくらいに私の中で輝いています。

アイルは神界宇宙連合・出神式の準備が整った今、私に数々の感動のエネルギーと教訓を残して、アセンションして行きました。彼がどれ程アセンションしたのかは不明ですが、彼とはいつでもコンタクトできるような気がしています。

それでは神界宇宙連合　地球アセンション・チームの出神式を観ていただきましょう。これは二〇〇九年一月から七月までの内容をまとめたものです。

ようこそ！
神界宇宙連合（Shamballa Starfleet）
地球アセンション・チーム出神式へ

すべての準備は整った。
あとは君たちの決断のみだ！
我々は、君たちの出席を首を長くして待っている！
こうして、アナウンス出来る時を迎え、我々の心は喜びにたえない。
それではご覧いただこう。
全宇宙に輝く我々の晴れ姿を！
神界宇宙連合の出神式を！

司令官　アセンディッド・マスター　エル・モリヤより

高次の存在との座談会

M：司令官　アセンディッド・マスター　エル・モリヤ
S：総司令官　ロード・キリスト・サナンダ
B：特別出演　ロード・ブッダ

弥：弥日子 Mireiya

――見渡す限りの宇宙空間である。そこに整列した戦士たちの誇らしげな姿が見える。心に一点のくもりも無い神界宇宙連合の戦士たちだ。

背筋をのばし敬礼している戦士たちの胸には、菊花紋の胸章が光り輝いている。

戦士たちの列は幾層にもおよび、その数は膨大すぎて数えることも出来ない。

彼らの背後には、神界と統合されたばかりの神界宇宙連合の大船団が控えている。各艦船は中央の開口部から爆音を発している。この出神式が悲願であったといわんばかりに、歓喜のエネルギーを宇宙空間に放っているのだ。この歓喜の音は地上メンバーが揃うまで鳴り続けるのだろう！　どこか聞き覚えのある音だ。

始めと終りの時を告げるクラリオンの響きなのかもしれない。

M：この出神式は、我々が永いあいだ待ち続けた瞬間なのだ。これから地上メンバーが一人加わるごとに、艦船の放つ歓喜の音はヴォルテージを上げていくだろう。ここに整列している戦士たちは、地上メンバーのハイアーセルフたちなのだ。

弥：この戦士たちは、私の永遠の兄弟姉妹です。懐かしく思えてなりません。今後、私はここにいる戦士たちとコンタクトしながら、彼らの地上セルフをサポートしていくことになるのですね。ところで司令官、ひとつ聞いてもいいですか？　今、私たちが観ているこの宇宙空間はどこなのですか？

M：『シャンバラ』と呼ばれる空間であり、「真の宇宙」だ。君がこれまで地上で観ていた宇宙は、その多次元世界を映し出した「ホログラム宇宙」だったのだ。

この『シャンバラ』が、我々の任務遂行の宇宙座標なのだ。我々はここで、「始めと終り」の極みを迎えようとしている。

弥：本当に、ここは地球の内部空間なのですか？　ここから観える壮大な銀河宇宙が、地球の内部にあるというのですか？

M：そうだ。内にあるが如く外にも、ということだ。これ以上のことをここで語るのは止めておく。君の知識レベル以上の内容と可能性を含んでいるからだ。それよりも今回は、我々の情熱をみなさんに感じ取っていただきたい。どれほど我々がこの時を待ち望んできたか。その想いは君たちのハイアーセルフも同じであるはずだ。我々の任務の一部は、地球と人類のエネルギーをサポートすることだ。これは君の将来の任務でもある。戦士たちの地上セルフをここへ召還する任務と同時進行となるが、君はこの二つの任務を受け取るか？

弥：はい！　やりますとも！

M：よろしい。それでは、サナンダ総司令からのメッセージを聞きなさい。

S：あなたは、これから地球と人類の愛の波動を高めていくことにあなたの全生命を捧げますか？

弥：はい！　私は喜んで私の全生命を地球と人類のアセンションに捧げます。

S：ではさっそく、司令官モリヤの正式なパートナーとしてアセンションの任務に奉仕することを表明してください。任務については司令官モリヤより適時、指示を受け取ってください。もちろん二十四時間体制です。

弥：私は司令官モリヤの指導の元、地球と人類のアセンションに私の全生命を捧げることを誓います。最大の愛と歓喜をもって任務を遂行することを誓います。

Ｓ：はい、あなたのことは了解しました。それでは、これからライトワーカーになられる方々にお伝えします。

皆さん！　これを書いている本人（弥日子）が、今後どれくらいの働きをしてくれるかは未知数です。しかし、我々はこの存在を最大限サポートしていきます。

皆さんにもこういう宣誓があるということを思い出していただきたいのです。

これは古代よりスピリチュアル・ハイラーキーでは「キリストのイニシエーション」と呼ばれています。実は皆さんは、何度もこのイニシエーションを経験して来ました。そうです！　皆さんは、尊い宣誓を繰返してきたのです。その結果が、今・この時・この地球に・生きている！　ということなのです。我々は皆さんをずっと見守ってきました。それは皆さんが、今回の地球の最大最終アセンションのけん引役になると誓ったからです。我々は、皆さんが各自の担当領域のポジションに就けるように、毎瞬一人一人に最善な方法でインスピレーションを送っています。

どうか我々の波動を感じ取ってください。我々はいつもあなたと共に存在しています。いつでも我々に呼びかけてください。我々はあなたの中心であるハート（魂）とコンタクトします。そこが唯一あなたと我々が最初に出会う場所であるからです。我々とは、あなた自身の高次元のネットワークです。あなたのハイアーセルフの無限のネットワークです。私はみなさんに認識していただけるようにサナンダと名乗っていますが、我々は多次元領域においては、「大いなる一つの意識」で繋がっていますので、自分のことを「我々」と表現します。我々と皆さんは、真の家族、永遠の家族なのです。

この神界宇宙連合の出神式は、我々とみなさんとの内的な「ファースト・コンタクト」が、一斉に開始される事を祝う歓喜の式典なのです。

重要なのは、これがNMC（新マクロ宇宙）の根源神界と繋がった、正式なものであるということです。魂の中心にある根源神界へのスターゲイトが、ついに開いたのです。

我々は悠久の時をその準備に費やしました。そして我々の地上メンバーである皆さんも、その準備に永い期間携わってきたメンバーなのです。

お分かりでしょうか？

皆さんこそが、この根源神界へのスターゲイトを通過していくのです。

皆さんこそが、地球・宇宙をアセンションさせていくのです。

皆さんこそが、アセンションの推進力なのです。

その時に、皆さんが抱く地球・人類への「愛」とはどのようなものでしょうか。

我々は、みなさんが創造しうる最大・最強の「愛」に目覚め、それを発現していってほしいと思います。

弥：サナンダ総司令、ありがとうございました。それではここで、隣におられるロード・ブッダにご登場いただきます。一部、質問形式でお願いします。

B：この出神式で故郷のみなさんに語れることはこの上ない喜びです。

サナンダ、モリヤ、なんとすばらしい瞬間なのでしょう！

それでは今から皆さんにとって必要なことを話しましょう。

地球の波動が日ごとに上昇していることは皆さんお気づきですね。地球は今、あらゆる意味での「制限解除の時」を迎えています。皆さんに一刻も早く気づいてほしいことは、皆さんの意識に深く入り込んでいる

「闇」からの完全なる解放が、現在最も可能となっているということです。根源神界へのスターゲイトが開いた今、皆さんを闇に引き留めておく制限は何もありません。

闇とは「光の無い状態」です。光が当たれば闇は消えてしまいます。闇は実体の無いものです。「無明」とは、実体の無い闇をあると考えてしまう心の錯覚です。この錯覚は闇に力を与え、闇を現実化させてしまいます。

光になる事にのみ意識を向けてください。あなた自身が光を選択し続けてください。

弥：私は、自己の闇をひとつ克服したらまた次の闇が待っていたという体験を繰り返してきました。自己の闇を理解しないと、何を改め、何を癒そうとしているのか分からないと思っていたからです。この考え方を断ち切り、今まで一段一段上がってきた光の螺旋階段を、一気に飛び越えていく方法はありますか？

B：光を受け入れる度に、あなたは自分の闇を確かめようとして来ました。新たな闇を探そうとしていたのです。まだ自分の中に闇があるのではないかという思い込みです。まさに無明の世界です。それは入ってくる光を制限している状態です。その制限とは、やはり、〝自分のために〟という意識から生じています。自分のために必要な量の光しか受け入れられなかったということです。

繰り返し出現する闇から離れるには、「自己の意識を拡大すること」です。

あなたが言う自己の闇、ネガティブな体験というものは、今生のものであれ過去の分身のものであれ、今のあなたの意識が変われば修正することが出来ます。もちろん未来も変わっていきます。このように自己の意識が拡大していくと、そこに多次元の自己という感覚が加わり、余裕を持って過去の体験を選択出来るようになります。

あなたが光の螺旋階段を一気に飛び越えたいのなら、『最大の光を必要とする状態』になることです。そのためには、〝自分のために〟という制限を外し、今までは自己に向けられていた意識を、人、地球、宇宙のためにと拡大させていくことが必要ではないでしょうか。あなたの意識がさらに拡大して根源神と一体になるその時、あなたは最大の光を受け取ることが出来ます。

―それがアセンションと宇宙の唯一最大の法則なのです。

信じがたいかもしれませんが、根源神界の光のゲイトが開き、根源の光を遮るものが全て消えてしまった今、それが最も可能となっています。

皆さんが完全な光の意識になることが、今、まさに可能なのです。

皆さん！　根源の光（愛）に向って、無限に拡大する自己をスタートさせてください！

（＊光とは、愛に置き換えて読むことも出来ます）

弥：ロード・ブッダ、あなたとの再会に感謝し、更なる交流を希望します。ありがとうございました。

M：ロード・ブッダ、ありがとうございました。あなたの想いをサナンダ総司令と共に確かに受け取りました。これからがまさに「制限解除」本番です。引き続きサポートをお願いします。

最後に、この本を手にされているライトワーカーのみなさんにお伝えします。

我々は神界と宇宙連合の統合チームです。日本のライトワーカーのみなさんのために特別に編成されたチーム（艦隊）なのです。地球・宇宙のアセンションにとって非常に重要な役割を担っています。

我々はここで君たちのサポート体制に入っています。

そして君たちの一刻も早い帰艦を待っています。

始めも終りも、自ら選ぶ者が、選ばれる者となるのです。

どうかそのことを思い出して下さい！


私（弥日子）からみなさまへ‥

アセンションによる変動・変容の著しい現在、皆さんもアセンションについて日々探求されていることと思います。高次の存在は、皆さんに、アセンションの真の推進力になってほしいと願っています。その願いは想像を絶するほどの愛だと感じました。皆さんのハイアーセルフと皆さんは、相思相愛の間柄です。

ありったけの愛を、ハイアーセルフに贈ってみてください。彼らは、そっくりそのままそのエネルギーを、皆さんに贈ってくるはずです。これはハイアーセルフの無限のレベルであっても同じだと思います。

私たちのミッションは、神界宇宙連合のメンバーを結集し、共に学び、人々と地球と宇宙のアセンションを創造していくことです。

シャンバラでの神界宇宙連合・地球アセンション・チームの出神式の詳細と、その後の経過については、ホームページにて報告していく予定です。お心にとまりましたらご連絡ください。


根源神界の永遠なる父母に感謝いたします。

ホームページ「神界宇宙連合」事務局 ― Shamballa Starfleet　http://nmcaa-shamballa.jp

愛の太陽

華ゆらと　Hana

皆さん、はじめまして。Ｈａｎａと申します（二十四歳の男性です）。Ａ・ｉ先生の元で、メンバーのみんなといっしょに、アセンションについて勉強中を始めて四年目です。始めに、高次からのメッセージ「黄金の光の海へ」を記します。

「黄金の光の海へ」

我々は、皆さんに大変重要なことを思い出してもらうためにやって来ました。

皆さんは、「真実とは何か？」「何が真実か？」「宇宙で最も重要なことは何か？」「この地球で何をすべきか？」といった問に対する答えや、その真実について、時に忘れたふりをすることがあっても、すでに明確に「知って」います。

ハートの一番深いところで、その真実を思い出して下さい。

迷ったり、心配することはありません。

すでに「知っている」ということは、ハートの奥深くで、それを理解していて、そのものと一体であるということです。

そうです。皆さんひとりひとりが、宇宙の奇跡であり、宇宙の愛の真実そのものなのです！！！

真実を選ぶのか、そうでないものを選ぶのか、明確に選択する時が来ています。

どうか皆さんのハートの奥深くから聞こえてくる声に耳を傾けてみて下さい。

そして、勇気を出して、その内なる声に従って、はじめの一歩を、その記念すべき偉大な一歩を踏み出して下さい！！！

皆さんの目の前には、真実として、黄金に輝く光の海が、どこまでも、どこまでも、無限に広がっています！！！

そして、その光の海への壮大な航海と冒険は、すでにはじまっています！！！

あとは、皆さん自身がそれに参加することを望むかどうかだけです。

子供のような無邪気な心で、素直な気持ちで臨んで下さい。

光の海の中で、無限の色彩と音色に包まれて、果てしない冒険へと舵を切るのは、皆さん自身です！！！

さあ、今こそ、黄金の光の海へと船出の時です！！！

我々は、皆さんと光の海の中でお会いするのを楽しみに待っています。

ロード・キリスト・サナンダ＆宇宙連合

「むすんでひらいて新宇宙！！」

――神と人のむすびとアセンション、新宇宙時代のはじまり――

今回は、神社でよく見かけたり、パスポートにも描かれている「菊の紋章」について、一体そこにどのようなエネルギーが込められているのか、可能な限り核心へと迫っていきたいと思います。

菊の紋章やそのルーツ、日本と日本人の役割については、本書と同様に明窓出版から出ている「日月地神示」をはじめとした白峰先生の著作を読まれるのがやはりベストだと思います。

また、その他様々な情報でも言われているように、菊の紋章は、菊花紋として、日本の皇室はもちろんのこと、古代中東の王族など、古今東西、世界中の様々な場所で使用されてきたそうです。やはり究極的なルーツである日本から世界中に広まったという経緯もあると思いますが、それが全世界共通であり、古代から生活に密接に関わってきた「太陽」を表していることが、とても大きいと感じます。

確かに、菊の紋章が太陽の輝きを象徴しているというのは、そのままシンプルに見て、誰もが素直に納得できると思います。

本来、政治や宗教的な意図でもなく、特別な家柄でもなく、ただ純粋に大自然の太陽を表しているのだとすれば、菊の紋章とそこに込められたエネルギーは、特別な限られた人たちだけのものではなく、逆にもっと身近なもので、太陽の恵みが全ての生命に平等に降り注ぐように、地球に住む人類全体が等しく共有するべきものであると思います。

そして、何よりも重要なのは、菊の紋章が、天体として太陽だけでなく、私たちの「内なる太陽」をも表していることだと思います！！

ひとりひとりのハートもまさに太陽であると言えますし、夜空に輝く満天の星々も、そのひとつひとつが恒星＝太陽でありますし、何億もの太陽系が集まってできた銀河系、そのまた銀河系が何億も集まってできた宇宙……。

ひとりひとりのハートから、スケールアップして、銀河、宇宙のセントラルサンまで……。中心の中心へ、そのまた中心へと、どこまでも果てしなく有機的に結ばれていくように感じます。

菊の紋章は、現在は日本国のパスポートに描かれているだけですが、やがて日本人だけでなく、地球の人類全体にとっての共通のエネルギー・コードとなり、地球を代表するシンボルとエネルギーとなり、宇宙時代にむけて、太陽系、銀河系、全宇宙共通のシンボルになっていくのではないかと思います。

では、その紋章が表す「菊」のエネルギーとは、一体どのようなものなのでしょうか。まずは、試しに、自己の内なる太陽であるハートに、「菊」のエネルギーをイメージして感じてみるのが一番でしょう。

どうでしょうか。私は、ハートがとても温かくなり、自身の内なる太陽が輝き出して、光が放射されている感じがします。

自らの中心から満ち溢れて放たれる光は、まさに「あまねくてらす」という太陽のエネルギーとはたらきそのものではないでしょうか。

それは、先程の太陽系、銀河系、宇宙へと拡大していくイメージのように、自らのハートの中心から、より大きな中心へとつながり、中心から中心へ、そのまた中心へと、中心同士がどこまでもひとつに結ばれていく……。（セントラル・サンのネットワーク）

そのどこまでもひとつに結ばれた宇宙中の喜びと幸せのエネルギーが、自らの中心をひとつのゲイトとして放たれているのだと思います。

少し話が変わりますが、「むすぶ」という言葉をパソコンで漢字変換すると「結ぶ」以外にも「掬ぶ」という表現が出てきます。「掬」というあまり見慣れない漢字ではありますが、辞書で調べてみると「掬」と書いて音読みでは「キク」だそうです。

また、「掬ぶ＝むすぶ」の他にも「手で水をすくう」という動作などの「掬う＝すくう」という読み方があるそうです。

やはり「菊」のエネルギーには、「菊（きく）」＝「掬（きく）」、「掬ぶ（むすぶ）」が示す通り、「むすぶ」というはたらきがあるのだと思います。

また、「掬う（すくう）」にもそのまま「救う」という願いが込められていると感じます。

では、一体何を「むすぶ」のか？？という問が出てきます。

その答えは、ズバリ「全て」です。

厳密に言えば、「全ての太陽」であり、「全ての中心」であり、「全ての愛」を、ひとつに結ぶのだと強く感じます！！

そして、「菊」のエネルギーは、アセンションの観点では、「上の如く、下も然り」、「内にあるが如く、外にも」という格言の通り、究極的には「神と人を結ぶ」エネルギーであると思います。

では、神と人がひとつに結ばれたらどうなるのか？？

それこそ、まさに「神人」の誕生であると思います！！

どうやら、「菊」のエネルギーには、黄金人類へと変容するための神聖遺伝子を目覚めさせて、起動させるスイッチとしての役割があるようですね！！

ひとりひとりの内なる太陽が目覚め、「菊」が輝き出し、太陽の母国であり、日出づる国である日本から世界へと、地球から宇宙へと、全ての愛がひとつに結ばれていく壮大なプロジェクト。それがアセンションなのだと思います！！！

高次の存在とのQ&A

Q：「アセンション」とは？？

A：（ロード・キリスト・サナンダ&宇宙連合からの回答）どこまでも続く終わりのない、永遠の進化の道があります。

はじまりもおわりもなく、ただひたすら、一体どこに向かうのか？

何のためにその果てしない道をゆくのか？　その全ての答えを知っているのは、皆さんのハートの中にある「愛」だけです。自身のハートを、内なる喜びの声を、魂の深い感動を、幼子のような素直な心で「信頼」してあげて下さい。

「アセンション」とは何か？　を問い続けて、現時点でのベストの答えを実践していくことが重要な進化のプロセスとなります。

ここでは、あえて「アセンション」についての膨大な説明は行いません。

それは、皆さんがこれから「思い出して」いくものです！！

代わりに、「道は、愛にはじまり、愛におわる」、そして「はじまりもなく、おわりもなく、ただ永遠に無限の愛がある」という、宇宙の最もシンプルかつ最大の真実を皆さんに贈ります！！！

Q：アセンションは、いつ起きるのか？

A：（アセンディッドマスターエル・モリヤ&宇宙連合からの回答）アセンションは、皆さんひとりひとりの中で、既にはじまっています！！

過去、現在、未来の全てが「今」にあります。

そして、アセンションは、常に「今」起こっています！！

皆さんひとりひとりのアセンションの成果が集結して、ひとつの時空のポータルが形成されてきます。

その新宇宙へのポータルを、「何時《いつ》」完全に開くのか？

それは、皆さん一人ひとりのアセンションへの「意志」と、ライトワーカーによるアセンションの成果が、人類全体の集合意識を導いて決定することです。

「一体いつアセンションするのか？」

その選択と決定権は、「今」この瞬間にも、宇宙のあらゆる無限の可能性と共に、皆さんひとりひとりの自由意志に委ねられています！！

Q：今、アセンションにおいて最も重要なことは何か？

A：ロード・キリスト・サナンダ&宇宙連合からの回答）「何のためにアセンションの道を目指すのか？」という、とても根本的な動機と意図が重要です。「自分のために」という意識では、個々のエネルギーが統合されることなく、決してアセンションは起こりません。

アセンションとは、どこまでも大きく統合的なプロセスです。

「全体の、全体による、全体のための」アセンションが、どこまでも果てしなく無限に拡大を続けています。

そして、アセンションという壮大なプロジェクトのあらゆる全ては、「奉仕」、ボランティアで成り立っています（＊volunteerとは「志願」という意味！）。

『奉仕』とは、まさに「相思相愛」です。「自分が贈ったものが、宇宙から贈られる」という真実、アセンションと宇宙の法則を忘れないで下さい。

Q：アセンションを妨害しようとするエネルギーへの対処について

A：（アセンディッドマスター・エル・モリヤからの回答）確かに、地球・宇宙全体のエネルギーが高まり、集合意識のレベルが上がってくるのと同時に、それを妨害しようとするエネルギーも出てきます。それらの妨害に対して、反撃しようとすると、逆に妨害エネルギーと同じレベルまで落ちてしまうことになり、思うつぼになってしまいます。後ろから追いかけてきて足を引っ張ろうとする者に対しては、決して振り返らず、前進するしかありません。妨害に対する対処というよりも、ただ最大の目的であるアセンションにフォーカスすることが重要です。

（＊「イザナギの法則」：追いかけるとオバケが出るが、本道を進めば全体がついてくる！「皇（すめら）の法則」：「中心」が変われば、すべてが変わる）

Q：「NMC」とは？

A：（ロード・キリスト・サナンダ＆宇宙連合からの回答）アセンションの壮大なプロセスの中では、あらゆるものが上へ、上へと上昇するにつれて、同時に、その全てのアセンションの成果が、より中心へ、中心へと集まってきます。過去・現在・未来。どこまでも無限に広がる宇宙。無限に散りばめられた星々の輝き。それらがアセンションをすることによって、その全てが究極的な中心へと還っていきます。その究極的な中心とは、全ての宇宙からのアセンションの成果が集まる最も新しい場所であり、同時に、全ての愛と光にとっての生まれ故郷であり、最も古い根源でもあります。そして、はじまりもおわりもなく、今までもそうであったように、これからも、永遠に中心であり続ける場所です!!!

我々は、その場所で皆さんを待っています。その場所は、さらなる新しい宇宙を開拓していく、壮大な旅の出発地点でもあります!!!

ホームページ『愛の太陽』http://nmcaa-kimigayo.jp

『あわのみち』——大切な約束

直日女　Mithra

はじめに　——あらたなる「終わりとはじまり」の鈴の音とともに……

［直日神《なおびのかみ》より］（＊直日神とは、神霊を本来のエネルギーに正す働き）

あなたが陽の光を慕わしいと感じ、一心に見つめるその瞬間が、そのまま、あなたの魂と高天原との架け橋です。

あなたが陽の光を仰ぐ時、それは一なる根源の光と、全存在としてのあなたとの対話であり、このうえなく神聖なる神事なのです。

あなたは、陽の光が慕わしいものである、と知っていますね？

その純粋で、もしかすると「あたりまえすぎる」ような、あまりにも親しみ深いその瞬間こそが、あなたの魂の光です。

あなたの魂は、この美しく強く愛に満ちた陽の光と同じ、強く清く愛に充ち満ちた光なのです。

同じ光であるからこそ、その光を慕わしく、親しく感じることができるのですね。あなたはあなたのままでずっと、今もすでに、光であることを知っているのです。どうかそのことに臆さず、ありのままに歓喜を謳ってください。

どうかその歓喜の光のままで、いてください。

その歓喜に戻ることを、あなた自身に許してください。

すべての根源なる光は、あなたをあなたのままに、言祝《ことほ》いでいます。

この書籍を読み進めていらした皆さんは、今、大切な約束を思い出した時のように、確信のような、魂の高揚感に満たされているのではないでしょうか。メッセージの数々に心躍らせ、ご自身も明確な意志をもって、「アセンションに参加する」という決意を深めていらっしゃることと思います。

ところで、「とはいえ、具体的にどうすれば、アセンションに参加することになるのか」「自分自身に、そんな偉大なイベントに役立つような仕事ができるのか」などと途方に暮れるような気持ちも沸き上がってきている方が、もしかするといらっしゃるかもしれません。

実は、私自身が、そうでした。アセンションというキーワードを知り、Ａｉ先生のアカデミーのＨＰへと辿り着き、そこから放たれる光の圧倒的な美しさと眩しさに（文字通り、眩しいのです！　このエネルギーに慣れるまでは眩しすぎて、ＨＰの文字がよく読めなかったほど！）感動し、心をふるわせながらも、「果たして、自分に何ができるのだろうか」と二の足を踏んでいました。「メッセージを発信するヒトというのは、やはり特別な才能をもった限られた人たちなのだ」という思いを払拭できず、ただ憧れていました。一方、アセンションに貢献したいという抗いがたい祈りを、もてあましてもいました。

もしいま、そのころの私と同じような気後れを感じていらっしゃる方がいるならば、そんな疑いは全くもつ必要がないことをここでもう一度、ごいっしょに確認させてください。ですが、こういうことは知識や情報として得るよりも実体験をもって得るほうが楽しいと思いますので、ここでしばし「Ｑ＆Ａの実践」という形で、「ライトワーク」についての復習を、皆さんとシェアさせていただければ幸いです。

後に続く六つの「Q」は、学びを始めてから、私が幾度となく投げかけてきた問の一部です。必要と感じた時にはいつもここに立ち戻り、そのたびにあたたかなエールを得てきました。

もしよろしければ、「Q」の部分は、ご自身のハイアーセルフや高次の存在へ問うているようなイメージでお読みになってみてください（ハイアーセルフが誰だかわからなくても、「ハイアーセルフ」というエネルギーを感じてみるだけでＯＫです）。その後、少し間を開けて魂に耳を澄ませてみてもよいですし、そのまま「Ａ」をお読みくださってもよいと思います。「Ａ」は、言葉を目で追いながら、そのエネルギーを魂で受信するようなイメージでお読みくださると、高次の存在との対話が、揺るぎない確信となる感覚を、より実感を伴ってシェアしていただけるのではないかと思います。そしてもしかしたら、あなたのハイアーセルフを通して、別の言葉で答えが返ってくるかもしれません！

アセンションへの奉仕とは、「意志と行動」に尽きる、と、勉強を進めるほどに、実感としての理解が深まってきます。ですから何も心配なさらずに、高次のエネルギーに身をゆだねてみてください。

さて、ではじめに、私が繰り返し立ち戻っていた問を投げかけてみたいと思います。

Ｑ：神人・ライトワーカー候補の「才能」と「資格」について――自分には特別な「才能」があるようには思えないのですが、どうすれば、自分もアセンションに関わる資格ができるでしょうか？

Ａ：（宇宙連合・セイント・ジャーメインからの回答）この書籍もそうですが、あなたは「根源の光」のエネルギーとつながっており、そのエネルギーを発しています。

自分に無いエネルギーを感じることはできません。

あなたの中にも同じ光に通じるエネルギーがあり、共鳴するからこそ、このエネルギーに興味を持ち、心地よいと感じるのですね。

そして、アセンションに参加するかどうかは、すべて「志願制」です！

愛と光のもと、無限なる奉仕を行う一員として「志願すること」。

その行動自体が「資格」と言えるでしょう。

ところで、Q1で使用した「才能」という言葉は何を指すかといえば、私が漠然と思っていたのは「メッセージを受信する能力」のことでした。この「能力」についても、心配はありません。厳密には、「能力」とは言えないからです。真のメッセージとは、外なる存在から「聞かされる」ものではなく、自らの魂を通してその扉を開くことで行う、エネルギーの交流です。そしてよく言われるように、高次の存在との交流は、そうと気づかないうちに自然と行っていることも多いものです。それは直感であったり、小さなひらめきであったり、とても繊細な感覚であるため、自覚するには少し練習とコツが要るだけなのです。Ａi先生ご指導のもと、徐々に（すぐに、かもしれません！）そのことが経験をもって理解できるようになります。

ではここで、「対話についての確信を得ること」の実践について、少しシェアさせてください。たとえば、敬愛するロード・キリスト・サナンダとの会話を求めた時。そんな状態を、ごいっしょに思い浮かべていただけるとうれしいです。

Q：対話していることの確信――この問に答えてくださるのがあなただとして、何をもって、あなたであるという確信を持てば良いのでしょうか？

A：（ロード・キリスト・サナンダからの回答）まず、あなた自身が常に、多くの光を受け取っていることに気づいてください。そして、あなたが私を求め、私の声を聞くとき、それが本当に私の声なのかと疑う必要は全くありません！

あなたはいま、限りない受容といたわりの愛の光として、このエネルギーを受け取っていますね。それが私でなければ、他の何であると思うのですか？

求め、祝福として受け取っているその魂の声を「確信できない」と言うことに、何の意味があると言うのでしょう？

そして、私のエネルギーを愛し、身をゆだねるのであれば、あなた自身が、このエネルギーでありなさい。

いま、私のエネルギーに触れているあなたはもう、同じエネルギーを再現することができますね？「再現」よりも、「思い出す」という言葉を使うほうが、あなたの理解を助けるでしょうか。

私のように「なりたい」ではなく、私のエネルギーで「ある」あなたでいなさい。それこそが、私とともに行う奉仕となります。

あなたが私のエネルギーとともにあるあなたでいることで、あなたに触れるすべての存在が、私に触れることになります。

私はこの示唆を得た時、そこから届けられる愛と光を疑う必要などどこにもないことを、歓びをもって認めることができました。そこには世界をあまねく照らし、包み込む愛の光だけがあることを、感謝と誠実さをもって理解できたからです。

そして一度その美しいエネルギーに触れたならば、私たちはいつでも、魂の中心を通してそのエネルギーを思い出し、再現できるようになります。

とはいえ、私はなかなか「毎瞬いつでも中心にいる」ということに慣れず、大きな心の揺れや傾きを意識的に調整することを、学ぶ必要がありました。Ａｉ先生のように、２４時間常に「トップ＆コア」にあり続けることが目標なのですが、そんな揺れの中に迷い込んでしまう時の指針を、ここで整理してみたいと思います。


Ｑ：メッセージの見分け方について――ハイアーセルフや高次の存在からのメッセージと、エゴからの言葉との見分け方を教えてください。

Ａ：（Ａｉ先生＆ハイアーセルフからの回答）常に、意識を「愛と光」に置くこと。そして、そこに照らし合わせること。

「愛と光」とは、言い換えるなら、究極であり中心でもある、あなた自身の根源の光です。

あなたを取り巻く人々から、地球全体、果ては宇宙全体にまで、すべての魂をむすび、広がってゆく美しい光です。

常にそこへ自らの魂を照らし合わせ、その光に沿うエネルギーであるかどうかを考えてください。

簡単に言えば、「不安」や「疑い」「優越感と劣等感」「自己否定」「他者否定」につながるエネルギーは、自分のことだけを考えている時に発しているものです。

常に明確な意志のもと、根源の光に向けて愛と光に意識を開いてください。

Q：メッセージの受信――常時ハイアーセルフや高次の存在とつながれる人と、そうでない人との違いは、どこにあるのでしょうか？

A：（Ａｉ先生&アシュタール・コマンドからの回答）このことについてはずばり、「できるかできないか」ではなく、「するかしないか」に尽きます。

大切なことは、「（誰か偉大なる存在から）資格をもらえるかどうか」ではなく、自ら志願し、実際に動き出すことです。

自ら発することによって、すべてのエネルギーは活性化されます。

純粋なる愛と奉仕のもとにあなたが動くとき、そこには偉大なるサポートが同時に動きますから、必要に応じた支援が得られるでしょう。

ですが、何よりも言えることは、「あなた次第」だということです。

さりげなく、各所に登場する「ハイアーセルフ」ですが、ここで少し追究してみたいと思います。三次元の肉体をもっていまここにある私たちは、ハイアーセルフを通して究極には神界までエネルギーでつながっています。一言で「ハイアーセルフ」と言っても無限のエネルギーレベルがあり、そのすべてを「人格」として捉えることもできるでしょうし、すべては同じ、自分自身という光のスペクトルである、とも言えます。私がつねづね抱いていた問は、「ハイアーセルフから選ばれる」というのはどういうこと？　というものです。

Q：ハイアーセルフとのつながりについて――ハイアーセルフは自分自身も選ぶし、高次の存在からも選ばれる、とAi先生はよく言われますが、どういう意味でしょうか？

A：（大天使メタトロン&グレース・エロヒムからの回答）たとえば、いまのあなたは、あなたのハイアーセルフの過去であるとも言えます。

愛と光の意志のもと、あなたが「こうありたい」とするエネルギーに向けて、自己研鑽を進めてきたのであれば、その「こうありたい」というイメージ自体が、あなたのハイアーセルフのエネルギーであると言えます。

地球や宇宙のアセンションのために、自分自身がどう貢献したいのか。

そこを明確に目指して歩む道は、そのままハイアーセルフのエネルギーの道です。

どのような道を歩むかという、その選択がすなわち、「ハイアーセルフを選ぶ」という言い方もできますし、そのエネルギーの先から見守るハイアーセルフもまた、地上にいるあなたを認め、そのことが「ハイアーセルフからも選ばれる」と言うことができるでしょう。

もうわかっていますね。いつでもあなたの魂を通して、究極であり中心でもある御神体へと続くハイアーセルフへと、回路は開かれています。

いつも、開いていなさい。花びらのように！

あなたらしく、あなたらしい光でありなさい。

（自己の宇宙史のすべてのハイアーセルフの中から、中今のプライオリティーで何を選ぶかが重要。そして高次から観ると、同じ系統のグループの中から、準備のできた地上セルフを選ぶと言える）

ハイアーセルフと出会う時、それは「未知の自分」と出会うような、新鮮な身体験でした。ですが一方で、一なる根源の光から放たれた真に本来の自分であるエネルギーへと回帰する、とても懐かしい旅でもあることが、魂を通した確信として感じられます。そしてそれは、自分自身の深遠なる受容と統合、とも言い換えられ、すべては愛でむすばれている、というこの上ない歓喜と謙虚さを増しながら歩む、美しい旅路です。

ところで……！　皆さんは、「メッセージの受信や発信」と「アセンションへの奉仕」とはどうつながるのか、把握していらっしゃいますか？　実は私にとっては、長い間の疑問でした。「奉仕」というくらいだから、もっと三次元的な「奉仕活動」か何かではないのか、と！

Q：自力でのコンタクトと奉仕 ―― 自力によるハイアーセルフとのコンタクトを目指すことが、アセンションとどう関係するのでしょうか？

A：（アシュター・コマンド＆セイント・ジャーメインからの回答）アセンションとは、「誰か特別な存在が創ってくれる世界」ではありません。

全宇宙の雛形である地球の、さらにその雛形である日本の、そのポータルとなるあなた自身が、この壮大にして歓喜に満ちたイベントの主人公であり、【鍵】でもあるのです！

アセンションとは、愛と叡智の光を広げる純粋なる奉仕であり、それは、謙虚さと誠実さに彩られた、盛大にして静寂に満ちた光の道です。

その道を歩むなら、より純粋な愛と光に近しい自分自身になることではじめて成せることがある、とわかるでしょう。

ハイアーセルフとは、わかりやすく言えば、自分自身の愛や叡智の光をより純粋に高めた存在ですから、その「コンタクト」とは、より高次の、より純粋なる愛と叡智の光に満ちた自分自身との対話に他なりません。

いま、あなたがたはこうして、一足先に光の道を歩いている先達のたどった光を道しるべとして、同じ光の道を歩み始めています！

このように、いま地球へと放たれている膨大な光を地上で受け取り、光のシナジーをつなげる作業を、志ある者たちは行っているのです。

そしてあなたが行動を起こすなら、その道は新たな道標として、後進の多くを照らす明かりとなります！

純粋なる奉仕に身を投じるならば、もはやそこには「どう関係するのか」などという疑問は存在しないことに気づくでしょう！

ライトワークは、誠実にして純粋なる奉仕の行動であるとともに、神界の存在やマスター方、大天使など、さまざまな存在とともに行う、この上なき歓喜と充実感に満ちた瞬間なのですから！

「上の如く、下も然り」、「内にあるが如く、外にも」という言葉のとおり、私たちが魂で受け取り、確かなものとしてゆく愛と光は、ヒトという雛形である私たちの魂を通してどこまでも、あまねく広がってゆきます。そんな地球という星に、日本という国にいまあることのすばらしさに感謝しながら、最後に、すべてのライトワーカー、神人候補の方々へ向けたエールの言葉を、シェアさせていただきます。

愛と感謝をこめて！

高次からのメッセージ

ほんの少しの間でよいですから、耳を澄ませ、魂からの声に意識を傾けてみてください。

この書籍につづられた文字の一字、言葉の一語すべてから、根源なる愛の光と、力強い呼びかけの声が放たれています。

これらは、あなたがたすべてに向けた、我々からのクラリオンコールです。

「何か」を感じているでしょう。

それはビジョンであったり、音色であったり、ハートのあたたかさであったり、もしくは心躍るような高揚感であったりするかもしれません。

「何かを感じたいのに!」という焦りのような感情、かもしれません。

ですがそんな逸《はや》る気持ちさえも、あなたの魂の応答なのです。

仮に何も無いのだとしたら、なぜ「焦る」のでしょうか?

それは、我々からの召還の声に応える、あなたの魂の響きです。

グレース・エロヒム

あなたはいま確かに、我々の呼びかけに応えています!

その勇気と志を、我々が心から誇りに思い、賞賛していることを伝えましょう!

あなたは応えた!

それはあなたが把握しているよりもずっと、大きく偉大な一歩です!

あなたを心から、友と呼ばせてください！
親愛なる友よ、我々とともに、愛と叡智の光輝ける道を歩もうではありませんか！

アシュター・コマンド

ホームページ「あわのみち」http://nmcaa-naohi.jp
ブログ「アセンション――美しく愛しい光の日々」http://ameblo.jp/naohime88/

『アセンション』

稚日女　Airine

はじめまして。私は今、Ａｉ先生とともに、「アセンション」についていろいろ学んでいます。Ａｉ先生やメンバーの皆様とのやり取りがとても楽しくて、毎日とてもハッピーに暮らしています。

Ａｉ先生について

Ａｉ先生は、菩薩様の様に私からは観える。みーんな「まるい」。体も心も角がない。お寺で見る菩薩様の仏像が人になるとこんな感じではないだろうか？

白峰先生の講演ＤＶＤによると、アセンションするとみんな菩薩様のようになるそうだ。多分、みんなアセンションするとＡｉ先生のようになるんだろうな。

学びを始めて体験したこと

以前は、「アセンション」の事よくわかってなかった。「アセンション」ってちょっと怖かったかも。でも、Ａｉ先生に「アセンション」しますって宣言しちゃった。その時、体の調子が悪くて、Ａｉ先生に相談してたんだ。そしたら先生、「アセンションと愛と奉仕と利他を自分の意思で選択したら、高次のサポートを受けられますよ」って言ってくれたんだ。私、何にも考えずに高次のサポート受けたくって「アセンションします」って言っちゃった。そしたらどうなったと思う？　すごかったんだよ。入院も手術も、何にも私に負担がかからなかったんだ。
おまけに、お医者さんや看護婦さんが神様や天使に見えたよ。愛をいっぱいもらっちゃった。今思うと、かなり高次のサポートが入ってくれたんだね。だってその時、愛のかたまりに生まれ変わった気がしたんだ。軽い「アセンション」だよね。

個人セッションを受けて

二〇〇九年の春にＡｉ先生のセッションを受けた。内容はハートの役割とか魂の事、宇宙の仕組みとかね。とても面白かったし、今まで聴いたことのない情報だったので夢中で聴いたよ。私、生まれる前は巫女さんだったらしい、その前もその前も、ほとんどっていうくらい巫女さんだったみたい。だから、昔から自然や空、風、雲なんかとお話をするのが好きだったのかも。エネルギーを感じるのも楽しかったなぁ。

神事について

巫女さんの生まれ変わりが多かったらしい私は、今回のお役目も神事が中心らしい。神事って何だろうね。今思うのは、私をとおして根源の光をこの三次元の人や大地に降ろして、そのモノの波動を上げていく事なんだと思うんだ。

生田の神事

私の最初の神事は、神戸の生田神社で行ったんだ。初めての神事体験だったよ。
この神事で、「稚日女《わかひるめ》」というお名前を神界から授けてもらったんだ。すごいね。天照皇太神様の幼少の頃のお名前みたいだ。これは、私と稚日女神をＡｉ先生がつなげてくださった神事だったと思うんだ。なぜかって、この神事が終わった後から、稚日女様の守護と、自分のエネルギーが高まったって感じるから。

稚日女様、Ａｉ先生ありがとう。

東北の神事について

この神事は、私が体験した一番大きな、一番大きいエネルギーの神事なんだ。

場所は、青森のキリストの墓と言われている場所と十和田湖で行ったんだ。

まずは、キリストの墓の場所にみんなのエネルギー、地球上にあるすべてのエネルギーを集めたんだ。これには、他のメンバーの力も借りたよ。このみんなは、色々な役割、力があって、合わされればすごい力がでるんだよ。

そして、その地球上のエネルギーが合わさった瞬間、すごい光と爆発がおこったんだ。ビックリしたよ。小ビックバンのようだった。そのエネルギーは、あっという間に宇宙へ飛んで行ったんだ、そして「ＮＭＣ」へ到着！！

そのエネルギーは、ＮＭＣの「菊の紋」と合体して、また爆発、またまた小ビックバンが起こって地球に戻ってきたんだ。そして、そのエネルギー抱えながら十和田湖に向かったんだ。十和田湖にはサナンダ様が両手を広げられて待っておられて「そのエネルギーをこちらに持ってきなさい」と暖かい、優しいエネルギーでおっしゃってくれたんだ。そして、十和田湖に到着。そのエネルギーを、サナンダ様にお渡ししたんだよ。

サナンダ様は、そのエネルギーを大事そうに抱えて、地球のセントラルサンに持っていってくれたんだ。

多分、セントラルサンにそのエネルギーを注入してくれんたんだと思う。だって地球が輝きだしたから。その瞬間から、地球が新しいステージ、エネルギーになったんだよ。

今地球は、上昇のエネルギーを発しているよ。波動も三六次元の波動を発しているし、地球は全力で「アセンション」を目指してる。「ＮＭＣ」に向かってるって感じるよ。すごいね。

「エネルギーを感じる」こと

エネルギーを感じるって、とっても大切！　エネルギーってそのモノだと思うから。気持ちいい！　て思うエネルギーと、共鳴してみて。あたなはそのモノになっているから。

黄金龍のエネルギー

ある日、宇宙神・地球神にお願いをしたんだ。エネルギー交流をしてくださいって。そしたら、次の日から、ドンドンエネルギーが上がっていくのが分かったんだ。このエネルギーをどうしようかって思うくらい、上がっていったんだ。友達もどうしてそんなに元気なの？　って聞くくらい、パワフルだった。太陽も七色に観えるんだ。草や木も輝いてる。普通に草や木と会話が出来るんじゃないかって思うくらい上がっていったんだ。多分、五次元人に近くなっていたんだろうね。五次元が見えるような気がしたよ。なんと言ってもすごいのが、地球の中心、セントラルサンに地球くらい大きな黄金龍がいるんだ。その黄金龍は、私に黄金のエネルギーを送ってくるんだけど、このエネルギーがものすごいんだ。私、黄金の海を泳いでいるんじゃないか？　って錯覚するくらいすごかったよ。黄金の海におぼれそうになっちゃった。その大きな黄金龍は、私のハイアーセルフの小さな黄金龍に色々教えていってくれたよ。その黄金龍が動く時、私の小さな龍がチョコチョコと後を追っていくんだ。かわいかったよ。その黄金龍は、「このパワー、黄金のエネルギーをお前が出していくんじゃぞ」って言って去っていったよ。この黄金龍は、地球神・宇宙神だったと感じる。黄金龍とのエネルギーの共鳴はとっても楽しかった。色々、道が開けたような気がするよ。黄金龍は、みんなとも交流したがっていると思うな。待っていると思う。みんなが見つけてほしいって。

アセンションって

「アセンション」って難しい事じゃないと思う。

それは、とても自然な事であたり前のような気がする。喜びとワクワクの延長にあるものだから。

お互いがお互いに思いあって、愛をあたえ、愛であふれた世界になる事だよ。

みんな、それを望んでいるよね。

ほら、簡単でしょ！！

高次の存在とのQ＆A

Q：アセンションとは？
A：（ロード・キリスト・サナンダ、アセンディッド・マスターアセンディッド・マスター　エル・モリヤエル・モリヤからの回答）アセンションとは皆のものである。
愛が皆のものである様に、意思があれば誰でも行える。

皆の進化なのだから。

本能でもあるともいえるだろう。

赤子の頃から成長を目指すであろう。

それと同じことである。

アセンションとは、自分の成長の先にあること。

少し違うことは、次元上昇があることじゃな。


Q：次元上昇とは？

A：（宇宙神・地球神からの回答）今回のアセンションでは、肉体を持って次元上昇することが大事である。なーに、心配はいらんぞ。

Aｉ先生という指導者もおるし、チャネリングもそのためにあるからな。チャネリングの相手は、マスター達（サナンダ様やエル・モリヤ様他、神様と呼ばれている存在）であろう。

マスター達は良き先輩であるぞ。お前達とあまりかわらぬ存在でもあるぞ。そのマスター達が指導してくれるから、なんとも心強いことよの。

やさしいであろう。あたたかいであろう。ちと、厳しい人もおるが、それも愛であるぞ。

チャネリングを難しく考えなくても良いぞ。普段のインスピレーション・勘などのことじゃ。

「エネルギー」を感じてみるのも良いことじゃの。アセンション後は、エネルギーの世界になるからな。

想像をしてみることも重要じゃ。想像＝創造でもある。

Q：アセンションにとって重要な事は何ですか？
A：（宇宙神・地球神からの回答）そうそう。肝心な事をいい忘れておった。
アセンションとは「愛」ぞ。「奉仕」ぞ。
愛がなければ、アセンションはかなわないのじゃ。
何にでも良いから愛を送ってみることじゃ。
そこからわかることもある。
愛が返ってくるはずじゃ。
そうじゃな、対象は大きければ大きいほどよいの。
まずは、「地球・太陽・宇宙」、またはマスターの方々でも良いの。
この方々は、大きいぞ。偉大であるぞ。
その愛を体験してみることもよいことじゃな。
どんどん愛を大きくしていくことが大事じゃ。
アセンション後の世界は愛しかないのだから。
自分の愛を大きくしていくことが重要じゃ。
愛の度合いによって、アセンションの度合いも決まってくといっても良いのだから。

ホームページ「アインソフ」http://nmcaa-maruten.jp
ブログ「まるてん」http://lovelight0310.blog84.fc2.com/

LOVE&LIGHT
和日女　Emiria

皆様はじめまして！　和日女　ＥＭＩＲＩＡです！

和日女《わかひめ》は太陽神界に通じる名前です。

また、天界、宇宙連合と皆様とを結ぶ架け橋となれたらと願っています。

この本を通して皆様とお逢いできたことをとても嬉しく思います。

ハートからみなさんへ　―愛と光―

無条件で根源と繋がっていた幼い頃。

ただ感じる愛を、そのままそのまま外側に映し出すことが、シンプルに分かっていて、知っていても初めて聞いたことのように驚いて見せたり、ただ見つめて愛する事が容易に出来たと思います。

しかしだんだんと成長していくにつれ、私の中の本当の真実が薄れていき、私は本当が何かを忘れてしまいました。

その後はずっと、自分とは一体何だろうか、何のために生まれてきたのだろう。

答え探しを、ずっと繰り返していました。

しかし、どこにもその答えを見つけることは出来ませんでした。

２００７年頃、アセンションという言葉を知りました。

相変わらず、自分探しの旅を続けていましたが、「何をして生きるのか？」ということを考え始めていました。

そして２００８年の始め、ある本を読んだ事をきっかけに、アセンションという言葉が強烈に心に入ってきました。

そして、知識よりも先にハイアーセルフ連合が歓喜して、「ＹＥＳ」というメッセージを送ってきているのを感じました。

私はついに答えをみつけたのだと確信しました。バラバラだった心が一致し、長い眠りからようやく目覚めることが出来たのです。

でも、たった一人で何をどうしたらいいのでしょうか。わかりませんでした。

ある夜、宇宙に向かって自分の願いを送りました。それはとてもとても強い願いでした。

私は、アセンションをサポートするためにここにいます。

どうか私をこの地上で働かせてください。

どうか私を使ってください。

そう願った数日後、アセンション関連の情報を求めてネットサーフィンをしていると、Ａｉ先生のアカデミーのＨＰを見つけました。

ＨＰからは美しい光が発せられていて、すべてを読み終わるよりも先に、これだ！　と、全ハイアーネットが伝えてきました。

まさに、自分が求めていることのすべてがここにある！！　そう思いました。

これがＡｉ先生との奇跡的な出会いであり、２００８年春より、この夢のような場所で、学ばせていただいています。

ハイアーセルフとのコンタクト

スタートレックなどのＳＦが大好きです。見ていると、ワクワクしてきて、最高に楽しくて、このワクワク感は何なのかとずっと思っていました。

Ａｉ先生から、私のハイアーセルフの一人が宇宙連合のプレアデス人と聞きました。

宇宙にあこがれて、宇宙が大好きで、宇宙が恋しかったのは、「ハイアーセルフ」との繋がりを感じていたからだったのでしょう。

Ａｉ先生に出会う少し前、ハイアーセルフとは実際に会ったことがありますので、体験談をお話しましょう。

ある夜、私のベッドに、まあるいボーリング状の球が現れました。

その球はとても温かくて、私のお腹を押しては戻し、押しては戻しを繰り返していました。

しばらくすると、その球が私の頭上へと移動しました。

観ると、まぶしい光に包まれた存在がそこに立っていました。

彼女は、私の胸の上で両手を重ね、ヒーリングをしてくれました。

私はその深い愛情をテレパシーで感じることができました。

これが私の宇宙連合のハイアーセルフとの初めての出会いでした。

それにしてもなんてすばらしい体験だったのでしょう！！

実際に目を開けて、自分自身のハイアーセルフに出会えたのですから！！

そして自分が多次元の存在だと理解しました。

私たちは一人ぼっちではなく、複数の美しい和音で繋がっている高次の存在がいます。それが、宇宙連合や神界、アセンディッド・マスターのような存在なんです。

Ａｉ先生との学び。それを理解することで、常にワクワクした楽しい展開が起きることでしょう！

さらなるステージへ進むこともワープすることも可能になるんです！

神界（マルテン）

今回のアセンションで、最も重要なのが「神界」であるということを学びました。

神界の最もトップとコアは天照皇太神であり、地球から観た太陽神界の中心は、八次元にあります。

太陽神界は、見渡す限りの黄金色の世界で、キラキラの金粉が散りばめられたような、まぶしい、美しい世界です。

五次元からがハイアーセルフが存在する次元なので、八次元がいかに高次であるかがわかるかと思います。

最初に私達は、「五次元人」としてのエネルギーを、地上で発現していくことが、必要とされています。

そしてこれをマスターすることにより、五次元からさらに、八次元へとワープのルートで向かっていくことになります。

それは太陽（フォトン）と共鳴し、自らが太陽となることで実現します。

ハートの中心に白い光と黄金色の美しい菊の花をいっぱいに想像してください。

なんて美しいのでしょう。その光をハートの中心からいっぱいに広げて、太陽から発せられるフォトンと共鳴してください。

太陽の輝きと菊の黄金の輝きが一体化して、「アセンション・ワープ」が一気に起きます。

天界（マルジュウ）

天界との繋がりを深く感じるようになったのは、ロード・キリスト・サナンダとの初めてのコンタクトをした時です。

ある夜、ロード・キリスト・サナンダから、突然の贈り物が届きました。

それはこれまでには感じたことのない、圧倒的なエネルギー！！

全身にあふれてくる力強いエネルギーが私を包み込みました。

それは宇宙キリストのエネルギーそのものでした。

なんということでしょう！

私のハートは喜びでいっぱいになり、愛で溢れました。

ロード・キリスト・サナンダは、十二次元の存在であり、キリスト意識の源だとA・i先生から聞き、この圧倒的なエネルギーに納得することができました。

皆さん、「十二」という数字の書いてある黄金のプレートをイメージしてください。

十二とは、十二次元。ロード・キリスト・サナンダに繋がる数字です。

そして、ゆっくりと、『ロード・キリスト・サナンダ』を呼んでください。


愛する皆さんへ　私はロード・キリスト・サナンダです。

皆さんが私を呼んでくれるのなら、私はあなた方にこうして語りかけることができます。

私からあなたを遠ざけたことはこれまで一度もありません。

私はあなた方を心から愛し、あなた方に寄り添っています。

あなた方に私と繋がる【鍵】を授けます。

【鍵】を差し込む場所はどこにあると思いますか?

もちろんそれはあなた方の中にしかありません。

あなた方に眠る意識が覚醒し、地上にかつてない程の光が輝くでしょう。

それが、数千、数億と輝き、皆さんの輝きがやがて宇宙アセンションへとつながっていきます。

私は、ロード・キリスト・サナンダです。

私は、あなた方を見守り、どんな時でも愛しています。

私は、あなた方の中に光を観ています。

ロード・キリスト・サナンダ

「マルテンジュウ」とは

「マルテンジュウ」とは、「中心と全体」である神界の「マルテン」と、アセンションの「縦軸・横軸」である天界の「マルジュウ」が一体となったもので、中今からの真のアセンション・ワープと、神人化には大変重要なものです。

また、これを進めていくことにより、これまでの宇宙の高次から、さらなるアセンション宇宙「ＮＭＣ」へのルートへつながっていくこととなり、これは未知の、宇宙レベルでの新たなる創造となることでしょう。

∞アインソフへ向かって

アインソフとは、これまでの宇宙の、最も高次の存在が集まる場所。そして新アセンション宇宙の母体。あらゆる面でトップのマスターが集結し、私達や宇宙のアセンションを導き、協議している場所だと思います。

ロード・キリスト・サナンダとコンタクトをしていたある夜。

今ならアインソフへ行ける……というメッセージをいただきました。

そして、そのまま一気にワープしました！

アインソフは十三次元にあります。

なんてこと！！

そこは白くて崇高な世界、音のない静寂に包まれた世界。

そこで会ったのは、Ａｉ先生と何人かのマスター方でした。
他にもエネルギーで、何人のマスターがいらっしゃることを感じました。
アインソフへ繋がるには、Ａｉ先生が最も重要な存在だとわかってきました。
また、アインソフからその先へ向かうことが、これから楽しみで仕方ありません！
みなさんもどうかこれからワクワクする旅を始めてください！
みなさんと会えることを楽しみしています！！

高次の存在とのＱ＆Ａ

Ｑ：アセンションとは？

Ａ：（ロードキリストサナンダ、聖母マリア、大天使ミカエルからの回答）アセンションとは、私達一人一人の魂が愛によって輝くことで、みなさんと地球も美しく一つになって、さらには宇宙規模での大きな愛の拡大がおきることです。

みなさん自身が光になって、統合が起きるとみんなと一つになるという感覚を感じることができます。それは、根源への帰還を意味します。

愛とアセンションは一心同体だと言えます。

大天使ミカエルから、「勇気」を贈りたいと思います。

愛とは強さの中にあります。

聖母マリアから、「慈愛」を贈ります。

愛とは、無条件の中にあります。

ロード・キリスト・サナンダから、「光」を贈ります。

愛は、光で拡大します。

Q：高次の存在とはどのようにして繋がれるのですか
A：（アセンディッド・マスター エル・モリヤからの回答）私はエル・モリヤです。皆さんの多くは、私達のような存在について、目に見えず、繋がることはできない存在であると思っています。
しかし、見えることはそれほど重要ではありません。
あなた方がライトワーカーとして志願し、あなた方と我々の目的が一致する時、私たちからの惜しみない愛と、支援するエネルギーが贈られていることを、あなた方は感じることができるでしょう。

さあ、リラックスしてハートをオープンにしてください。

そうすればきっと、あなた方の中に愛のエネルギーを感じるはずです。

もし、感じなくてもあせることはありません。

毎日少しの間、私と繋がる瞑想を試みてください。

皆さんの中に愛と意志が生まれた時、それは私自身からも贈られているエネルギーだと気がつくでしょう。

私はエル・モリヤです。あなた方の意志を見せてください。

私はみなさんのアセンションをサポートします。

Ｑ：ライトワークとは？

Ａ：（天照皇太神　太陽神界からの回答）かわいい子供たちよ。いつも愛しています。

太陽の光をたくさん浴びて、私を感じてください。

どこにでも私がいることを感じることでしょう。

ハートの中心はどんな風に感じますか。

私が贈る光は、みなさんの愛と共鳴することで最大限発揮できます。

日々の瞑想はとても大事なことです。

私の愛を体内に取り入れ、ハートで感じてください。

私の愛は、無限です。

あなたがたの愛も無限に拡大していくことでしょう。

みなさんは地上の太陽となり、自らを輝かせてください。

それが地上でのライトワークです。

ホームページ「愛と光の太陽神界から皆さんへ」http://nmcaa-wakahime.jp

ブログ「ハートから皆さんへ――愛と光」http://yaplog.jp/miria333/

『光』

劔　Michael

みなさん、はじめまして、劔（ＫＥＮ）Ｍｉｃｈａｅｌと申します。

今回、本書の出版にあたり、マスターや自分にゆかりのある日本の神様にチャネリングをして、メッセージを受け取りました。これは初めからできたというわけではなく、Ａｉ先生と学びを始めてから、できるようになりました。

初めは、ソース（メッセージがどこから来ているのか）がわからなかったのですが、メッセージを受け取る前に、自らが、どこに対してアクセスしようとしているかを明確にすることで、そのソースがわかるようになってきました。

自らがアクセスしようと思ったからといって、本当にそこにアクセスしているのか、ということを疑問に持つ方がいらっしゃるかと思いますが、それは実践していく中で、徐々にわかってくるようになると思います。

また、他のメンバーの同じソースに対するメッセージを見ることによっても、そのソース（エネルギー）のイメージがつかめるようになってきました。

そして、ハイアーセルフやマスターに「問」を投げかけるときも同様で、その「問」をどこに対して投げかけようとしているのか、ということを明確にした上で、その「答え」を受け取るようにすれば、その「問」に対するソースも明確になってきます。

自分にはできないと思うのではなく、まずはやってみて下さい。ハイアーセルフやマスターは常に我々の問いかけを待っていますので。

『光であること』


人は皆、元来、光なのです。それを発現できるようになってください。

そのためには、自分の「中心」にいること。

外から光を取り入れることを考えるのではなく、自らが光となって輝くことを目指してください。

そして、「自分の中心」とは、この世界で、これをやっていると自分でいられる、自分の力を発揮している、と思えることをやっている状態のことです。

ロード・キリスト・サナンダ&宇宙連合

『あなた方は護られています』


あなた方は護られています。安心して下さい。

世界は少々混乱していますが、あなた方一人一人の道は、十分に整備され、安全に進むことができます。

時には、光を感じられないことがあるかもしれません。

しかし、我々は常にあなた方の歩んでいる道を見守っています。

だから、安心してあなたの信じる道を進んでください。
私は常にあなたと共にいます。

大天使ミカエル

『意思こそすべて』

光はすでに降ろしてある。
ゆえに、それをうまく活用してほしい。
光を受け取り、それを広げてほしい。
それは人を介して行われることも多い。
難しく考える必要はない。
大切なのはそれをやろうとする意思である。
それがあれば何事も為すことができるであろう。

武甕槌（タケミカズチ）

『自己を表現する』

美しきみなの我が子達よ。

それぞれの感性に従い、自由に生きていくのです。

やりたいと思ったことを素直に受け取り、それを思う存分に表現してください。

それが自らの意識を高め、宇宙の創造へと繋がるのです。

アフロディーテ

『今回の地球におけるアセンション』


地球の歴史において、今、大変重要な時期となっています。

それは、地球人類が、今後生きていけるかどうか、だけではなく、この宇宙が進化できるかということにも関わってきます。

なぜかといえば、地球はこの宇宙で最も密度の濃い惑星であり、その地球には様々な惑星のエネルギーが関係しているからです。

言い換えると、この宇宙を集約した存在が地球と言えます。

そのため、その地球が進化できるかできないかということが、この宇宙全体に影響を及ぼすのです。

あなた方の中にはこのことを知っていて、永久とも思えるほど、以前から準備し、このときを待っていたものたちがいるのです。

そうした方々に呼びかけます。いまこそ、そのときなのです。

地球、そしてこの宇宙をさらに光り輝く世界に変えていくときなのです。
あなた方に必要なのは、能力ではなく、そのようにしたいという意思なのです。
光の存在とともに。

セイント・ジャーメイン&スピリチュアル・ハイラーキー

メッセージの内容は、一貫して、アセンションライトワーカーへの応援メッセージであると思います。

高次の存在とのQ&A

Q：私も学びに参加したいのですが、自分には特に何か能力があるというわけではないのですが、それでも大丈夫でしょうか？

A：（スピリチュアル・ハイラーキー&宇宙連合からの回答）大切なことは、参加しようとする「意思」であり、能力（何かができる、できない）は関係ありません。

メンバーも、自分が何かできるから参加したというよりは、参加したいという「意思」によって参加しています。

そこから、Ａi先生をはじめ、メンバーからも様々なことを学び、また、自分ではできると思ってもいないことができるといった、色々な発見があります。

そのため、興味があったら、参加してみてください。そこから様々な可能性が見えてくると思います。

Q：アセンションするためには、何か資格のようなものが必要なのでしょうか？

A：（スピリチュアル・ハイラーキー&宇宙連合からの回答）多くの方々が勘違いしている部分があるのですが、アセンションをする上で、何らかの資格が必要ということはありません。

そして、それは誰かが審査するものでもありません。強いて言えば、本人のアセンションをするという意思と、それに基づく行動によってのみ、そのアセンション度合いが決まると言えるでしょう。

アセンションをしたいと思わなければ、それも個人の選択であり、逆にしたいと思えば、その瞬間からアセンションに参加することができます。

そして、参加したいと思ったら、その意思表明をすると同時に、アセンションへ向けて行動する必要があります。

なぜなら、宇宙への奉仕がアセンションの推進力になるからです。

アセンションは自動的に起こるものではなく、意思が関係してきます。その意思の程度によって、アセンションがどのようになるか、ということも決まってくるのです。

そう考えると、アセンションとは、自分のことのみならず、地球、さらには、宇宙へも影響を及ぼすということが分かるでしょう。

とはいえ、あまり大きく考えすぎると、焦点がずれてくることもあるので、まずは、自らの意思を確認すること。そして、そこからできることを考えてみれば良いと思います。

Q：Ａｉ先生をはじめ、メンバーの方が書いているものを読んで、自分がついて行けるかどうか、不安なのですが。

Ａ：（劔　Ｍｉｃｈａｅｌからの回答）メンバーも、最初から、高次からメッセージを受け取ったり、アセンションについて述べたりする、ということができたわけではありませんでした。それは、Ａｉ先生の指導、メールマガジン、メーリングリストでのメンバーの発言に対する返信などで、徐々に培われていきました。だんだんとできるようになっていく、という過程を、メンバー自身が経てきているので、そのあたりは問題ないように思います。（メンバーの個々のメッセージを見ていただければわかると思います）。

また、地球のエネルギーの変化により、皆さん自身も日々変わっていますし、情報もたくさん出てきていますので、以前よりも、スムーズにアセンションに関わっていけるのではないかと思いますから、そのあたりは心配しなくても良いと思います。

ホームページ「アセンションの光――ミカエル」http://nmcaa-ken-michael.jp

「愛の宇宙学校」

スーパー・ヤサイ人

ご挨拶とHNの由来

はじめまして。スーパー・ヤサイ人です。二十五歳の男性です。

メンバーの皆さんと比べると、お気楽なHNだなぁと感じる方もいらっしゃるかと思いますが、あまり気にしないでください。硬い文章や雰囲気は向いていないので、性格通り、この文章ものびのび書かせていただきますね。

HNは完全にあの超人気漫画から頂戴しておりますが、しっかりと意味づけされたものです。かの漫画では、いろいろな食べ物の名前が登場人物の名前として使用されています。しかし、宇宙一強いと言われるサイヤ人の王子はベジータです。つまりベジタブル=野菜です。野菜が宇宙一最強なのです。宇宙の世界でも肉類を食してはいません。野菜や果物で十分なのです。

また、自分は将来、農業を生活の一部にしたいとも考えています。野菜を一から作り摂取することで、スーパーサイヤ人のようになりたい！　と思い命名しました。

アミとの出会い〜教育

いきなりですが、自分は将来、「大自然学校」を開校したいと考えています。イメージ的に言うと、DASH村のような感じです。すべて自分たちで作り出し、自然と調和し、技術を継承し、その土地の人たちと老若男女問わず、人間関係を築き、生きることの楽しさ、素晴らしさ、挑戦することの意義、そして厳しさを学べる学校を作りたいと思っています。教える学校ではなく、自然と学べる、学習できる学校を作りたいです。その中で、中心に据えたい内容は、心の育成です。自分の心の声にフォーカスし、自分が地球に生まれてきた目的や、この人生ですべきことを明確にし、実行できる力をつける教育をしたいと考えています。

さて、そもそもそんなことを思ったのは、昔から教育に興味を持ち、教育業界に従事していたことがきっかけです。

子供たちに勉強を教えていく中で、いろいろな矛盾や葛藤を感じ、本当に伝えたいことはなんだろう？　学んでほしいことは何だろう？　と自問自答を繰り返しました。答えの出ないまま時が流れ、学生を卒業し、社会に飛び出し、社会人経験を積む中で、「こんなことのために今まで努力を重ねてきたわけじゃない」と毎日感じていました。周囲の多くの人は、「社会とはそんなものだ」「とりあえず、従う方が楽じゃん」などと、自分の心の声を聞こうとすることを諦めてしまう思考でいっぱいでした。

自分を見失いそうになっている中で、色々な人や本と出会い、自分の考えを再構築していました。その中で一番の出会いが『アミ　小さな宇宙人シリーズ』（エンリケ・バリオス著　徳間書店）です。宇宙の世界のお話で、自分がものすごくわくわく、いきいきしていくのがわかりました。昔の記憶を取り戻すように、懐かしむように、未来を覗くように感じ、心が動きました。この本と出会った後から、「地球をアミのような世界にしたい！」と強く思いました。

自分はこの人生で、「アミの世界をこの世界で具現化する」ことに従事したいと考えています。もう少し言うと、「宇宙の基本法則＝愛」を軸とする教育の実践です。これが、『次世界の教育』だと確信しています。すべては愛の度数を高め、いかに人に、宇宙に貢献できるかを考え、実践することができるかを吟味することが、真の教育だと考えます。すべてはアミの世界をご参照あれ。

それではまず何ができるか？　まず欠かせないなと思ったのが、母なる地球からの学びです。自然体験を積む中での学びとして最適なのが『農業』だなと思います。自分で食べるものを自分で作る。自分で調理する。自分で後片付けをする。一昔前は当たり前だったことが、今では夢物語。今ではどこの誰が作ったかもわからないような食べ物ばかりが身の回りにはあふれています。やはり自分の生きている土地の土、水、太陽で育った作物を食さねば、自分がどんどんずれていってしまいます。自分で土から作れば、食べ物にも感謝するし、自然にも感謝するし大切にする。農業は人間の基本だと思います。ですので、必ず取り入れたい内容だと考えています。これはHNにも通ずる部分でもあります。

又、自然から学ぶという意味では、キャンプなどの野外活動も大事にしていきたいです。自分はバイクが好きで、テントとシュラフを積んでどこにでも行きますが、学ぶことだらけで虜にされています。自然体験を積むと、より敏感になるし、土地を大事にしたくなります。そうすると、自然や土地と会話をしたくなる。そんな感覚を養っていきたいなと思っています。

子供たちへ
世界中の子供たちへ。今私は学習塾の上長として、百名弱の子供たちと毎日楽しく生活をしています。自分と関わる子供たちには、自分といる時間だけでも楽しく、そのままの姿でいてもらいたいといつも願っています。そんな中で、子供たちの心の声に耳を傾けると本当に心が痛みます。こんな人生は望んでないんじゃないか？　大人たちの都合によって一番輝ける時代を潰されてしまっているんじゃないか？　と危惧しています。自分を見失わせる教育、従うことを徹底的に教え込む教育、均一化を図る教育で、多くの子供たちが苦しんでいます。間違っているのは子供たちではないと思います。自責の念で苦しむことは必要ないことを知ってください。

だから、自分は子供たちが輝ける学校を作りたいと思います。勉学の優劣だけで人生は決まらないことを知ってもらいたいです。愛がすべてを動かすことを知ってもらいたいと思っています。唯一のものかもしれませんが、それが子供たちの人生を切り開くものになることを知ってもらいたいです。これから多くの仲間と出会い、そこで出会えることを楽しみにしています。

ベビーとのQ&A

今、妻のお腹には5ヶ月目のベビーがいます。順調に育ち、生まれてくるのが本当に楽しみです。今後の未来を担う、そんなベビーとのQ&Aを記します。

Q：あと4ヶ月後だけど、生まれてくる地球はどんな世界がいい？

A：光や愛に満ち溢れた世界がいい！

生きるみんなが希望に満ち溢れ、楽しく活き活きと生活できる世界がいい。すべて自発的で、すべてが愛を根源とされたものでいっぱいな世界がいいな。「〜しなくてはいけない」人生じゃなくて「〜したい」人生をみんなで送りたい。具体的に言うと、学校や会社はなくて、お金もない。町全体が大きな家族みたいに協力し合って生きている世界。子供はみんなから愛されて、老人はみんなから敬われる。決め事はほとんどない。ただ唯一の決め事は生まれる前からみんな知っている「宇宙の基本法則＝愛」だけ。そんな世界がいい！

Q：なかなかやるな～。じゃあそんな世界を作るためには何をすればいい？

A：真実を知ることだよ！　答えは簡単。真実を知ること。それができればすべては解決するよ。真実とは、唯一絶対で普遍なもの。それは「愛」。すべてに関わる基本法則だね！　愛より優先するものなんてない。なのに、今の世の中じゃ、基本法則を破っちゃう人たちだらけで大変だよね。利益や損得や見栄を考えて、愛からかけ離れた行動をしちゃうから、自然と自分も愛から見放されちゃうんだよね。今でも愛を大事にしている人たちは愛に溢れているね。今の世界でも次の世界でもかわらないんだ！

Q：なるほど～。なんか答えは明解だけど、実際は難しくないの？

A：難しくないよ！　愛を信じられる勇気さえあればね。元々はみんな知っているんだ。この三次元の地球で生活する中で、忘れてしまっているだけなんだ。それを思い出すだけだから難しくはないよ。けど、自分に正直になれなかったり、正しく自己承認できなかったりすると、とても難しい問題になってしまうんだ。よくありがちなのが、自分の弱さや未熟さを承認できなかったり、人との優劣に過剰に反応してしまったりする人たち。できなくてもいいし、わからなくてもいいのに、それを恥ずかしいと思ってその気持ちを隠してしまったり、背伸びをしてしまったりすると、本当の自分の姿がわからなくなってしまうんだ。完璧な人間なんていないんだから、できないこともあっていいんだ。そんなことがあってもだれも君を嫌いになんかならない。だって宇宙の基本原則は「愛」なんだから。どんな君でも受け入れてくれると勇気を持って信じることさえできれば、簡単だよ！　みんなできる！　自分や他人を信じることも大事だけど、「愛」を信じることが一番大事なんだ！

Q：結局、宇宙の基本法則で世界は回っているってことだね！

A：その通り！　神様は愛だからね。

この世界もどの世界もそうだけど、神様が創ったもの。神様は愛の根源だから、宇宙は愛で回っているというのは当たり前って言ったら当たり前だよね！　君の手や足は君の意志で動くだろう？　それと同じ事さ！

Q：納得！　じゃあ、ベビーは何をしに生まれてくるの？

A：愛の世界の統合、構築をしに地球に行くよ！

とは言いつつもまだまだ課題は多いんだ。ソフトランディングするために活躍している人はたくさんいるんだけど、地球に行かないとできないこともたくさんあるんだ。愛に包まれた世界を作るためには、一度今の世界の悪いシステムを壊さないといけない。まぁ光が年々というか、日に日に増しているから、急激な勢いで自然と壊れていくんだけど、その壊れた後にどんな世界を作るか！　これが大事なんだ！　そのためには指揮を執る人もいれば、動く人もいる。色々な仕事があるんだけど、みんなが完璧にふさわしい役割があって、仕事をするんだ。自分もそこに携わりにいくよ！　ベビーはそうだなぁ。けっこうすごいかもよ（笑）。愛の奉仕をすることには変わりないから心配無用だよ！　立派にやり遂げて見せるよ。

パパも足手まといにならないように頑張りまーす（笑）！

ホームページ「愛の宇宙学校」http://nmcaa-ai.com

「宇宙意識と地球意識」

杜乃碧（もりのみどり）Gaia

すべては、集合意識との共鳴によって起きる。

孤立した存在はなく、孤立した現象はあり得ない。

自分の意識がある、その状態ごとに同じ周波の意識と共鳴し、引き寄せる。

わたしは今、海のさざなみが煌めく光景に意識を向けている。

すると今、この瞬間に同じように、海のさざなみに見とれているほかの意識と瞬時に共鳴しはじめ、その集合意識から湧いてくる感動や、慈しみの愛の波動によって、私の感動は惑星を覆うグリッドに形成されてゆく。

私たちも、惑星も、宇宙も、大きな目で見ると一つの生命体なのだ。

そうして、精妙に美しく幾何学的に構成されたタペストリーのような光のグリッドは、惑星を包んで惑星の光になる。

ここの惑星にいる者たちは皆、美の感動を知覚する。

それがどんなに素晴らしい宇宙からの贈り物であるか！

太陽の輝きや星のまたたき、遠く青い大空、色とりどりの花、小鳥のさえずり、海のきらめき、深い森のしずけさ……。

この惑星と太陽が共に創造してきたことは、宇宙の中でも目を瞠《みは》るほどの傑作だ。

その美を感じ喜び、知覚できる事は、広い宇宙の中でも奇跡的に素晴らしく、貴重なことではないか！

惑星は太陽と共鳴し、生命を生み、育《はぐく》み育て、喜びと美の創造を続ける。

意識を惑星に合わせ、惑星と太陽の美の創造に、無意識ではなく、意識的に参加することこそ、生きる大儀の根幹だと感じる。

肉体は惑星の一部であり、魂は宇宙の一部であるから。

大自然の美、惑星まるごとに意識を向けると、惑星の無限の愛と、それを育もうとする惑星レベルの集合意識に、自分の意識が共鳴しはじめる。

この文章を読んでくださる方も、読んでくださるこの今の瞬間に、惑星レベルで共に繋がって、グリッドに更なる輝きが強まってゆくのだろう。

私たちは、「永遠の今」というポイントで繋がり広がる事ができる。

そして私もまた、ほかの人たちの表現を通して繋がり、拡大しつづける。

そうして意識は惑星のグリッドから更に外側へ拡大して、宇宙全体に共鳴し、共に惑星について考え始めるだろう。

その時、宇宙にある無限の可能性と無限の創造パターンの多次元さ、広さに驚きながらも、改めてここの惑星の特異な美に驚くだろう。

そして宇宙へ意識を広げれば広げるほど、いかに惑星地球が、かけがえのない貴重な存在であることか、感動と感謝が押し寄せる。

最も普遍的で究極的な美とは、地球の大自然を通じて体験できる。

それは地球に住む私たちの根元的な創造力と結束している。

神とは美であり、愛である。光である。私たちの体験できる最高の神の姿は地球に溢れている。宇宙と共にあゆみ、地球と共に創造する。

惑星の集合意識と、そしてさらに広げた宇宙意識で私たちは無限に広がる旅人になり、宇宙の創造に参加しているのだ。

いにしえより神人と呼ばれた人、神国と呼ばれた国がある。

神話はいつか実現されるために遺されたものだという信念を持って、集合意識、宇宙意識へと自分の意識を拡大しつづける事が、地球というユニークな惑星での最もダイナミックな創造活動ではないだろうか。

私たちには日本国の神国の創造力があり、それは惑星地球の要となる大きな原動力であるだろう。

高次の存在とのQ＆A

Q：私たちの意識は今次元上昇に向けて、どんどん宇宙レベルに拡大していると感じます。どうすれば私たちはそのような発見や気付きを人にシェアしてゆく事ができるでしょうか？　どうしても理解しあえない、波動が合わない人がいて、気持が伝わらない事を寂しく思う事があるのですが……。

A：（宇宙連合からの回答）まず、気持が伝わらないという事は、どういう状態なのか考えてみましょう。

それは、自分の考えを相手にわかってもらおうとしている。そして相手は自分の期待する反応をしていない。という状態なのでしょう。なぜ、自分は相手に特定の期待を持っているのか。という所がポイントです。相手の意識や気持を変えようとしていませんか？

変えようとすればするほど、そこには抵抗が生じます。変えようという意識は「それは違っている」という確信を持った意識の上に成り立っているからです。

本当の所、間違いも正解も存在しません。すべてはニュートラルなのです。

あなたの主観が一定の範囲に限定されていると、その枠以外のものは、間違いであったり、異質なものとして立ち現れます。枠がニュートラルに設定されていれば、何の摩擦も起こりえません。

皆さんの魂は、一つ一つがユニークです。その多様性を喜んで、全てを愛で包んでみてください。全てをあなたの魂から湧く、愛おしさの意識を向けてみてください。

愛おしむ心、全てを喜ぶ心は、何か軋轢や摩擦を起こすでしょうか？

あなたはあなたとして、そして相手は相手として、それぞれユニークに輝きだすビジョンを見て、そこに喜びを見いだしてください。

あなたの主観を宇宙レベルに広げ続けてください。

あなたの自我が宇宙そのものと同体になるように。

次元上昇は、各意識存在ごとに、それぞれの形で起きているのです。

各意識それぞれが、一つの宇宙であるからです。

自分の宇宙に絶大な責任を持って、広げられる限り広げてください。

自分の意識を常に拡大させて、常に自己の内での究極・最大の愛の表現に、毎瞬挑戦してゆくことにのみ、フォーカスしてください。

ホームページ「ガイア—地球意識の目覚め　http://nmcaa-gaia.jp
ブログ「Ｇａｉａ—地球」　http://ameblo.jp/morino-midori-gaia

認めただけが世界であり

肯定しただけが自分である

そして自分が世界であるから

（日本の白峰先生のお言葉です）

Les aseguro que todo lo que hicieron
por uno de mis hermanos, aun por el más
pequeño, lo hicieron por mí.

Mateo 25:40

訳：あなた方によく言っておく。

私の最も小さな兄弟姉妹の一人にしてくれたことは、

わたしにしてくれたことである。　（マタイ２５-４５）

一番なんでもない事が、本当の存在の根源を表現している。

一番普遍的なものの中にこそ、真実が表現しつくされている。

いつも、うっかり見落としそうになるような

小さな事に気付ける自分でいたいです。

画家　　杜乃　碧（もりの　みどり）（ヨーロッパ在住）

高天原―根源太陽への道

天野照子　Sarena

アセンションは太陽への帰還

はじめまして。皆さん、こんにちは！　天野照子Ｓａｒｅｎａです。

Ｓａｒｅｎａは私のハイアーセルフの名前です。今回、このように自分の体験を書いて、皆様に読んでもらえることを嬉しく思っています。

現在、東京都内でアートセラピーや親子のアトリエなどを行っています。いろいろな子供達を見てきましたが、新しい時代の子供達、クリスタルチルドレンが増えていることを感じています。クリスタルチルドレンはアセンション後の社会で活躍する子供たちですね。

私は小さいころから、目に見えない世界を感じ、興味を持っていました。いろいろな体験をしましたが、特に社会人になってからの出来事で、アセンションを目指す旅を始めました。

ハイアーセルフとの出会い

ハイアーセルフとの出会いってどんなものでしょう？　私は、どうやったらハイアーセルフに会えるのだろう、とずっと思っていました。でも、地上セルフが気づかないだけで、本当は誰でもコンタクトしているのですね。私も今までの記憶をたどっていくと、ハイアーセルフとの出会いが分かるようになりました。

私は電機メーカーの技術企画部門など、精神世界とは縁遠いエレクトロニクスの世界で働いていました。

2000年のお正月過ぎのある日、仕事で調べ物をするためにインターネットで検索をしていたところ、ビジネス書が並ぶ本のリストの中に、一つだけ不思議な本を発見！　そのタイトルにプレアデスという言葉が見えた瞬間、雷に打たれたような衝撃とショックを覚え、すぐにその本を購入しました！　それはプレアデスという宇宙文明とのコンタクト内容でした。

それから3ヶ月後、夜空に不思議なオレンジ色の光を見るようになりました。ハイアーセルフからのコンタクトの始まりでした。本当は子供のときからコンタクトしていたのだと思いますが、具体的に目に見える形になったのはこの時からです。

その後、瞑想をしながらハイアーセルフの名前を聞いてみると、さ、れ、な、という3つの音の波動が届き、サレナという名前だと分かりました。サレナはプレアデス領域出身の宇宙連合に属している女性です。そのエネルギーを感じられるようになると、それは子供のころから慣れ親しんでいた懐かしい感覚であり、いつも見守ってくれていた愛だったことに気づきました。

少しずつ、サレナの指導が始まりました。インナーチャイルドの解放、チャクラの活性化、瞑想、時には瞑想中にハイアーセルフネットから宇宙科学について講義を受けることも。

その間、自分の仕事と、変化していく自分の意識とのギャップを感じて会社を退職し、かねてから興味のあった幼児教育とアートセラピーを学びました。

そして、紆余曲折の末、たどり着いたのはA・i先生でした。じつはこのころ、私は精神世界やアセンションについて行き詰まりや孤独を感じて、焦っていました。本当に宇宙連合が存在するのなら証拠を見せてほしい、と、空に向かって何度も心の中で叫びました。ある日、晴れた日にぼーっとして外を眺めていると、空に突然雲が現れ、一瞬で消えていきました。あれ？　と思い目を凝らすと、再び、空中からシューシューと青い閃光とともに煙のようなものが出てきます。それが丸い雲の形になると、次の瞬間、風もないのに消えてしまいました。宇宙船が雲を作るところを目撃したのです。そのとき私は、宇宙とハイアーセルフを信頼するように、と言われたのだと思い、わざわざ見せてくれた配慮とその愛にひたすら感謝しました。

それから数ヵ月後、夜空に巨大な円形の白い光が現れ、ゆっくりと上空を飛んでいきました。その直後、Ａｉ先生から、それは神界の船だったことを教えてもらいました。今までのすべての出来事、体験はアセンションへ向けての準備と学びでした。

そして今、Ａｉ先生と楽しくアセンションについて学んでいます。

旧プレアデス領域のアセンション

旧プレアデス領域は、古代から宇宙戦争が続いていました。中には異端者として辺境の惑星に追放されたグループもあります。

私のハイアーセルフの出身地プレアデスは、私にとっても故郷と同じです。今、旧プレアデス領域でもアセンションが始まりました。辺境にある緑色の美しい星が、神界の黄金の光を取り込み、光り輝いています。その緑豊かな美しい星の名はエラといい、瞑想中に何度か訪れました。プレアデスでは青緑色の愛の光を感じます。そして、愛が宇宙の科学である、と教えてもらいました。

この惑星には哀しい歴史がありますが、すべての悲哀を乗り越えて、根源の光、新宇宙へ喜びとともに進んでいます。

この旧プレアデス領域のアセンションも、宇宙の切なる願いです。なぜなら、今回の最終アセンションは地球だけのことではなく、宇宙全体もアセンションするという壮大なドラマだからです。

太陽神界

根源神界からオリオンのセントラルサンを通ってきた神々が日本神界であり、その中でも天照皇太神を中心とする母性神界が太陽神界です。

この太陽神界から日の本の国へ、神話の時代に神々のエネルギーが降臨してきました。私たち日本人が、太陽をこよなく愛する文化を持っているのは、きっとそのためなのでしょう。日本人は太陽について、誰でも懐かしさを感じると思います。

朝日、夕日の美しさを美術、芸術で讃えたり、登山をしてご来光を拝む、というのはとても日本的な文化ですね。

私の魂の本源の故郷も太陽です。アカデミーの課題で、自己の本源へ向かう、というものがありました。瞑想をしてみると、光のみの世界へ到着！　そして、「ここは光を発する場所です」という言葉が聞こえてきました。ただただ、金色の光のみの世界。そのときに、初めて太陽神界というものを知りました。神々の愛と光の眩しい世界でした。

ハートチャクラの奥には『魂』があります。晴れた日に太陽の本体がビルなどに隠れたとき、その周囲の空間が白く光って見えますね。現在のその光は、根源神界のフォトンであり、魂の本質の光と同じです。5次元以上の波動であり、根源神界へつながるものです。この光を出している人が、『神人』と呼ばれます。

太陽神界の黄金のエネルギーは、すべてを起動する力となります。地球を動かすだけではなく、太陽、銀河系をも動かします。

父性の神界「地球神界」、母性の神界「太陽神界」と、子供達「神人」の三位一体のエネルギーが現われると、新しい創造が始まります。そして、魂の白い光と太陽神界の黄金の光の中に、日本人の魂が輝くのが見えます。

太陽系の太陽から、オリオン、銀河のセントラルサンへ。そしてアセンション後の宇宙であるNMC（新マクロ宇宙）のセントラルサンへつながるとき、アセンションが始まります。

まもなく日本より天の鳥船が浮上します！　アセンションへ向かう旅を、ごいっしょしませんか！

高次の存在とのQ＆A

Q：「ハイアーセルフ」ってどのようなもの？

A：（宇宙連合プレアデス・チームからの回答）ハイアーセルフは、多次元にいる自分、未来生の自分、と言えます。人間は物質のある3次元に生きていますが、ハイアーセルフは時空を超えた別次元に存在している自分です。人々が進化するのを導いたり手助けしたりしています。人間は一人ぼっちではないのですよ！

Q：どうやったらハイアーセルフとコンタクトできるの？

A：（宇宙連合プレアデス・チームからの回答）日々の生活の中で、突然、インスピレーションやヒントが来ることがあります。これはハイアーセルフからのコンタクトです！　夢や瞑想でコンタクトすることもできますが、日常生活ではそのエネルギーはとても繊細です。あるひらめきやインスピレーションを、気のせい、と思わずに、自分の直感のひとつひとつに注目していくとそのエネルギーを感じやすくなります。自分が惹かれる物、場所、事柄、などにもヒントがあります。誰でも日々少しずつコンタクトをしていますよ。雑念が浮かばないように意識を集中させたり、チャクラを活性化させるような瞑想、ワークをしているとコンタクトに気づきやすくなります。ハイアーセルフはいつも語りかけています。そして常にハイアーセルフの思いで行動できるようになると5次元の波動になれます。ハイアーセルフの思いとは、何でしょう？　それは、ワクワクする気持ちです！　心の底からワクワクして楽しいとき、それは魂が喜んでいるからです。

（＊五次元以上のハイアーセルフと完全に、正式にコンタクトするためには、高次の正式なアカデミーの指導と守護のネットワークが必要となります。）

Q：4次元と5次元の違いは何？

A：（宇宙連合プレアデス・チーム＆太陽神界からの回答）4次元までは、原因と結果という考え方があります。5次元はハイアーセルフと完全一体化している次元で、神界への入り口です。5次元では思うことがすぐに成る世界であるため、光と闇のような二極の概念がありません。魂が愛と光に一体化している次元であり、愛と光のみの次元です！

Q：神界とは？

A：（太陽神界からの回答）神界から、日の本の国に神々のエネルギーが天孫降臨してきました。神界はこの銀河系の神々のエネルギーであり、日本神界はオリオンのセントラルサンが故郷です。この神々の住まう高天原は太陽にあり、これが天照皇太神を中心とする太陽神界です。この太陽からＮＭＣ（新マクロ宇宙）のセントラルサンへ続く道がアセンションの道となります。

詩

「大いなる愛」

ありがとう　私がつらいとき　一緒にいてくれた
ありがとう　私が嬉しいとき　一緒に喜んでくれた
ずっと今まで大いなる愛で守ってくれた
あなたがいるから生きることができた
私は船出します　愛と光のみの世界へ
一緒に生きてくれてありがとう
サレナとヒムカタカミムスビノカミへ
宇宙のありとあらゆるものすべてへ
愛と感謝を込めて

「プレアデス」

なつかしい星々の光　ふるさとのプレアデス

悲しみと孤独とともに生まれた世界
その悲しみを知っているから　喜びが分かる
その孤独を知っているから　愛が分かる
太陽のように輝いて　美しいプレアデスよ

「太陽へ」

黄金に輝くあなたの光が
わたしの魂に届きました　長い旅が終わります
たくさんの学びと愛を持って　あなたのもとへ戻ります
すべての母　太陽へ

御神歌

「やまと」

黄金の　朝日に見える　やまとなり
雅なる　香り気高き　みろくの世

「太陽神界」
神々の　微笑む御姿　うるわしく
金色に　たなびく雲は　祝いなり
どこまでも　ただ果てしなく　弥栄よ

―最後に―
お読みいただきましたことを、感謝いたします。ホームページとブログにも少しずつ自分が知りえたこと、感じたことを掲載していきます。

ホームページ『高天原』（たかまのはら）―根源太陽への道　http://nmcaa-takamanohara888.jp
ブログ「太陽への道」http://blog.nmcaa-takamanohara888.jp/

輝く新たなる宇宙、愛の根源へ ――Love & Light

Rita＊Purisia

目覚めよ！

アセンション、それは生きることよ。

生きている？

宇宙に羽ばたき、次元を股にかけ、大きな海原を泳ぐように、この体から広がる偉大な宇宙の生命を。

胸の真ん中からわき起こる、あふれんばかりの歓喜よ。すべてのもとへ流れ、すべての人をつつみゆく。

これが創造の原動力、愛のちから。

胸の内に宿る愛の力を点火するとき、眼には力を宿らせ、体中の細胞を生き返らせ、生命の血が流れる。

わたしは目覚め、躍動し輝く命、生きている。

愛がひとを生かし、愛は神そのもの。おおもとの、始めの力。

自然とこぼれる笑みに、愛に満たされているのを感じるでしょう？

そう、ここから、新たな創造の始まり。

あなたの呼吸は、全宇宙とつながっている。

アセンション、それは創造すること。

目覚め、愛が目覚め、己とつながり神とつながったあなたは、内なる静寂を手に入れる。心は静まり、想いは静まり、世界が静まる。

穏やかな平和のうちに、至福の中に漂うわたしを見いだした。

さあその至福の中で、真我を生きるとき、新たな創造の始まり。

あなたは創造の一部、大いなる意識の一片、そして全体そのもの。

ありったけのイマジネーションとセンスで、みんながアセンションした後の宇宙を、世界を、社会を思い描いて。

わたしはもう満ち足りて、どこにいても幸せを見いだせるとしても、そうでないみんなのために。みんなの今ここに幸あれ平安を願いて。

神々様も、天界の働き者たちも、天使も悪魔も、妖精も妖怪も、大地の上に地の底に、この地球に生きる様々な人々も、動物たちも植物たちも、ありとあらゆるみんなみんなが、秩序だち、調和を保ち、共に生きる新しい宇宙を願いて。

全宇宙をつらぬく神聖な掟よ　愛のもとに放たれ、真理よ現れん。


生きるって？　宇宙って？　誰もが抱くこの疑問を胸に、真理とは、真実はいったい何？　と止むことのない探究心から、私はここまで辿り着いた。導かれるように、起こること全てが繋がっていたのだろう。穏やかに、少しずつ、意識の扉は開いていった。

２００１年、現代に生きる小娘だった私の生き方の流れが変わり始めた。きっかけは、野外イベントでのこと。自然のなかで踊り、テントで寝る、その気持ちよさを知ったとき、体の中で、しまい込んでいた何かが目覚め、解き放たれ、生き生きと力を持ち始めた。きっと、太古の森に生きていた記憶。

みんな笑顔でピースなバイブレーションの中、いつもと違う輝く自分が宿っていて幸せだった。そうして、だんだんと、意識や思考を縛るものがはがれていった。

初めて子供を産んでからは、自ずと暮らしはオーガニックなスタイルに。それは同時に母性の目覚めでもあった。そして去年、二人目の赤ちゃんを宿してから、静かで大きな変化が起こる。

アセンションを本気でとらえるようになった時に出会ったA・i先生。

一人で瞑想したり本を読んでいるだけでは釈然としない中、真我実現を目指して本気で突き進もうと心に決めたら、あれ？　気がついたら古い自分はいなくて、着実に上昇している。それだけ自然に確実に導かれているんだ。

昨年末、するりと降りてきた赤ちゃんを自ら手で受けて、二人の娘の母となった。それは素敵なお産。それはそれは幸せな日々。心が素直に気持ちいいことを追い求めて今がある。自分のセンスとエネルギーを感じる力を頼りに、たいした知識も経験も霊感もなく、突き進んでいるのは、私が私の中に降り立ち、ぴったりおさまったからだといえる。その地点の高く澄んだエネルギーがあまりに気持ちいいから。中今、ここに、私の内に意識があり、愛が脈打つ。

そうして生きる道が、宇宙真理、調和をもたらす道。

大切なのは、目を覚まし花開いた真の我のその花を、咲かし続けること。

愛の中にとどまる、優しく芯のある心地よさよ、広まり伝わりゆくことを願って……。

そうしたひとりひとりの真心の愛は大きなうねりとなり、すべてを包み込み融和しながら、ひかりの世を興し、地に平和をもたらす。

この奇跡の今、共にあることに感謝して……。

ありがとう。

ホームページ「Love & Light」http://purisia.jimdo.com

次に、スピリチュアル・ハイラーキーと銀河連邦からの最新メッセージを、ＰＡＯ（Planetary Activation Organization）のＣＥＯのシェルダン・ナイドル氏から正式な許可を得て、お送りします！

スピリチュアル・ハイラーキーと銀河連邦からのメッセージ
銀河暦：黄色い人の定義の年、カヤーブの月十九日、黒い猿を輝かせる日、オープンな愛
地球西暦：二〇〇九年六月三十日

Selamat Jarin！（シリウス語で「こんにちは！」）
我々は、母なる地球と、みなさんに起こっている変容について、議論を続けるために再び戻ってきました。地球同盟者たちは、非常に重要な期間に入ったことを受け、多くの進展が最近得られたことや、すべての者が待ち望んでいる出来事が間近に迫っている状況を話すことを禁止し、活動をいっさい外に出さないように我々に依頼しました。一方、母なる地球は多くの変容に向け、一歩ずつ前進しています。アガルタ（インナーアース。首都はシャンバラ）の領域は、五次元の現実です。この五次元の領域は最近、惑星の地表から地下へ四百マイル（六百四十キロメートル）の地点に存在する、地球の重力のニュートラル・ゾーンまで拡張されました。このように、母なる地球は、五次元の領域を、徐々に三次元の惑星の地表に近い場所まで移動させています。これにより、みなさんの世界の科学者たちによって現在観察されている、地質学の特異現象の大部分が説明できます。いわゆる地球のマグマの流れは、異常なふるまいを見せており、より広範に渡る地震や火山活動の危険な期間に関する、いくつかの警告を発しています。これらは、もちろん真実の一部で

ありますが、主要な原因は、地球の電磁場の再構築による副作用なのです。

地球は、現在、三次元の地表の領域と五次元の内部の領域で分割されています。これら二つの領域は、できるだけ迅速に再統合される必要があります。このため天界は、フルコンシャスネスへとみなさんを帰還させる活動をさらに加速させることを決定し、みなさんのスピリチュアルな能力と共に、肉体の大きな再構築が進行しています。この期間は一時的であることになっています。しかしながら地球同盟者たちは、可能な限り迅速に、そして最優先の課題を達成する必要性に迫られています。我々もまた、この最も脆弱となる時期に母なる地球を護るよう、天界から厳密な指示を受けました。

我々はインナーアースと多くの母船の中にある地球監視システムを使用し、これらの複雑な指示を実行するための偵察機を揃えました。さらに、二十年間近く地球の保護を続けていた我々の科学者たちが、日々の責務のために必要な調整を行っています。そしてこれらの多様な活動が地球の安定化に貢献しています。

この次の期間は、我々の現在のタイムスケジュールを前進させるファーストコンタクトの任務を含んでいます。母船から指示を与えるグループは、ファーストコンタクトのすべての実行部隊の指揮官に、彼らの創造性豊かな助言を我々に与えるよう求めました。我々はその結果を受け、大量着陸の実行計画の修正に使用する予定です。一方、我々の科学と外交のグループは、これらの状況を監視し続け、この先に存在する様々な新しいデータを提供しました。我々の流動的な運営チームの最近の会議の中で、日々の進め方についての再調整が行われ、ファーストコンタクトの計画全体を再評価するために、一連の新しいタイムテーブルを準備することとなりました。我々がみなさんにしばしば思い出させているファーストコンタクトは、永遠に流動的な進行中の作業なのです。これは、我々に再度、解釈の機会を与え、この不安定な惑星に必要な活動を明らかにすることから重要です。これを受け、我々は、母船をさらに母なる地球の軌道の近くに移動させました。それにより、地球保護活動の計画の進む速度を早める効果が得られます。

我々が取り組むものすべては、天界がこの任務を可能な限り迅速に、そして神聖に成し遂げるための支援を行うことを目的としています。多くの場合、我々は任務の準備と主要な目的の再設計を行い、現在、再度これを行うことを求められています。母なる地球の変容が、みなさんの太陽系の惑星にも起こっていることを思い出して下さい。火星が内面的に変化していることと同じように、金星と木星や土星、天王星のような大きなガス体の惑星も変化しています。これらの変容は、太陽との距離を示す、現在の軌道の再編成も含むでしょう。みなさんは、太陽系の大規模な再構築の間際に位置しています。エロヒムは、新しい軌道の磁気標識を準備し、よりみなさんの惑星が円軌道を取るように修正しています。みなさんも容易にイメージできるように、地球の科学者たちは、この事態に少し当惑しています。太陽は自身の広大な電磁場を再構築し、太陽系の外周部の境界となる巨大な繭《まゆ》を形成しながら、神秘的な変化を遂げています。

これらの準備段階は、多くのレベルにおいて実行されています。みなさんの肉体は、みなさんがより波動の高い領域へと移行できるように、再構築されています。この三次元から五次元への移行は、非常に複雑であり、みなさんの太陽系の中のすべての段階を通して行われる必要があります。ご存知の通り、これらのみなさんの休止中のチャクラの目覚めと、長い間不活性であったRNA／DNAの変容は、みなさんのスピリチュアルな要素を再び統合するために再構築されています。これは、フルコンシャスネスへの道なのです。それが、みなさんの全体的な波動の高まりと、宇宙における新しい人生を再編成する原因となっているのです。これは、母なる地球と太陽系が、高い次元へと移動するための信号となっています。この結果は、全く新しい現実へと向かう大きな動きとなるでしょう！

この新しい現実は、みなさんの外の世界と内面の世界を形づくります。みなさんは、時々、その断片が現実の中にかすかに現れ、再び消失する現象に気づくかもしれません。この新しい現実に鍵がかかる瞬間が間近に迫っています。この前兆となる出来事は、すでに至る所で始まっており、この現実の領域が、臨界点となる振動数に到達する日が目印となっています。しかし、未だ不安定要素の存在のため、以前のレベルまですぐに戻る状態です。要するに、みなさんはほとんど、その領域に存在しているのです！　不足していることとは、単に、現在の不安定な状態を安定させるための、一連の出来事だけなのです。みなさんの足もとで、インナーアースの領域から常に広がり続ける五次元の波が、地表の世界まで湧き出ています。そして、我々が話しているように、これらは現在、地表から四百マイルのニュートラル・ゾーンまで達しました。次の段階は、みなさんが暮らす地表の世界を五次元の波で包み込むことです！

五次元領域との最終的な統合は回避することができません。インナーアースと地表は、本当に奇妙な関係であり、近い位置に存在していますが、非常に離れた関係となっていました！　この二つの領域の現実の再統合と、みなさんのフルコンシャスネスへの帰還は、現在、止めることのできない勢いで進んでいます。これは、太陽系の中で同じように進行しているすべての変化に当てはまります。神の目的が明らかにされる日が近づいています。天界と主スーリアは、まもなくこの再統合を起こすことを命じました。従って、太陽系を維持している複雑な力に変化が生じ、すぐにでもみなさんをフルコンシャスネスへと帰還させる必要が生まれています。天界からの要請は、公式な大量着陸の手段を取ることであり、我々は、神の指令が出た瞬間に、それを行う予定です！

地球同盟者たちは、このことを十分に理解しており、大量着陸が円滑に行われるための最適な骨組の必要条件を満たすため、熱心に活動しています。我々は、彼らの任務の膨大さを理解しています。そして我々は、彼らの努力に深く感謝しています。我々の役割は、彼らが必要と感じる時に支援を行うことです。彼らの任務への忠誠は、一九八八年の契約に遡ります。彼らの責務は我々によって大いに賞賛されています。我々は、地球同盟者たちがファーストコンタクトへの壮大な準備を完了させることを確信しています。その時、残っている問題が迅速に展開し、みなさんが本当は何者であるのかについて、急いで教育を受けることができるでしょう。いったん、みなさんがライト・チェンバー（＊注）の中で短い期間を過ごせば、みなさんは素晴らしい不思議な冒険に満たされたフルコンシャスネスの人生を始めることができるのです！

今日、我々はみなさんのフルコンシャスへの旅に関して、みなさんを待ちかまえている事象の詳細を述べました。次の祝典は、すべてを再統一し、適切な場所に、人間によって創られた、「奇跡の物語」という最後の一ピースを埋めることなのです！

祝福して下さい！　そして、ハートの源で感じて下さい。

天の永遠の光と、無限に満ち溢れる豊かさを！

Selamat Gajun! Selamat Ja!（シリウス語で「神聖なる歓喜とともに、一なる根源へ！」）

日本語訳：Ｌｏｔｕｓ

＊脚注：「ライト・チェンバー」（光の部屋）――「スターシード（人々の魂を向上させ、アセンションに導く使命を持って地球に生まれた魂）」を数分で、「すべてのレベルで完全に目覚めたの意識」の銀河人類へと

変容させるのに必要な、そのプロシージャー（手続き）加速に用いられる特殊改良装置。銀河連邦の大量着陸艦隊に属する恒星間航行宇宙船に搭載される。「大規模疎開」及び（または）実際の「大量着陸」が発生する数時間前に使用されることになる。

では次に、スピリチュアル・ハイラーキーと銀河連邦、そしてシェルダン・ナイドル氏から、ＰＡＧ　ＪＡＰＡＮ（銀河連邦日本事務局）を通して、日本の皆さんへいただいた、『特別メッセージ』をお贈りします！

シェルダン・ナイドル氏からのスペシャル・メッセージ――

親愛なる日本の皆さんへ

私、ＰＡＯ（惑星活性化協会）のシェルダン・ナイドルから親愛なる日本の皆さんへ、「フルコンシャスネス」に関する特別なメッセージを贈ります！

「スーパー・センセーション――Super-Sensations」　――「超感覚」の獲得――

「フルコンシャスになる」とは、真にはいったいどのようなものなのでしょうか？　フルコンシャスになると、あらゆるすべての世界の、あらゆるすべての生命に対する感覚が、生き生きと活性化します。その時にあなた方は、たとえば草花、ミツバチ、木々や植物、そして様々な「テクノロジー」に関してすらも、五感と六感のすべてを使って、感じ、観て、香りを味わい、耳を澄まして聴くことができるのです。そしてそれらを、あらゆる方法で表現することが可能となるのです。

想像してみてください！　あなた方は、日々、あなた方を取り囲むすべての環境からの影響と、その相互作用の中にいるのです。その相互作用は、常に変化しています。その相互作用は、生命のネットワークと呼ばれています。

あなた方を結びつけている、この巨大なネットワークには、あなた方人類だけではなく、天使や、ディーヴァ（聖霊、女神）など、すべての生命を統括する、大変高度に進化した存在も含まれています。

あなた方は、この「生命のネットワーク」を通して、あなたの歓喜や愛のエネルギー、そしてあなたの才能など、あなたの現実のすべてをシェアすることができるのです。そして香りや味わい、想像や創造のシンフォニーをともに創ることができるのです。

この地球という生命ネットワークの中では、あなた方は、母なる地球だけではなく、この太陽系、ここの銀河系、そして神によって創造されし、あらゆるすべての生命さえも進化させる任務を持った、正式なメンバーであると言えます。

あなた方は、今、この瞬間、そして日々、そのために歩み、会話し、そしてこの生命ネットワーク中で呼吸しているのです。

それらの中で、あなた方は、一なる至高の根源、そしてあらゆるすべての世界と自分が、しだいにひとつとなっていくことをより感じていくでしょう。

あなた方の内なる意識の中心、ハート、魂は、あらゆるすべての世界、あらゆるすべての生命の幸福のために貢献し、それを支援することを望んでいます！

さて、そのような「フルコンシャス」の状態に真になった時、あなた方は次の三つのことが可能となります。まず一つめは、創造神とその創造性のすべてのレベルへ、あなた方自身が直接つながることができるようになるということです。そしてそれは、あなた方が持つ無限の能力を理解し、目覚めさせることを支援します。二つめは、これまでの方法では不可能なやり方で、お互いの存在を理解できるようになるということです。

これらの天からの贈り物のすべての才能を活用した時、あなた方は、過去と未来についても認識することができるようになり、そして「中今のあなた」がそれらと、どうやってつながればよいかということも発見していくことができるでしょう。これまであなた方を混乱させていた、「自分は何者なのか?」という謎が消滅していくでしょう。それらの生命のネットワークそのものが、「あなた」という存在を創造しているということを、容易に理解するでしょう。

三つめとして、あなた方は、これらの資格と叡智を、あなた方自身とその家族、社会、そして全世界に対し、偉大な貢献をするために使うことができるようになります。

これらの現実を創り出すすべての意識とあなたは統合されます。

その時にあなたは、宇宙の創造主とは何か、そして今回の自己のミッションとは何かということについて、いともたやすく、そして歓喜の中で、明確に感じることができるようになるでしょう!

すべての愛をこめて!

Ｓｅｌａｍａｔ Ｊａ!

日本語訳：Ｌｏｔｕｓ　監修：Ａｉ

ホームページ「ＰＡＧ　ＪＡＰＡＮ」事務局　http://pag-j.jp

（シェルダンからの原文）
Dear PAG-Japan,

I have an article on full consciousness that you can publish!
It follows as text!

What is it like to be a fully conscious Being?
In full consciousness, the world of the senses comes alive! You feel, see, smell, taste and hear flowers, bees, trees, plants and technology of every possible description.
Imagine being in constant sensory interplay with each aspect of your daily environment.
It does not stop here. Your massive interconnections include people, Angels and the very spiritual entities that supervise all living things like the divas,
fairies, and sprites.
With these interconnections, you are able to share your Joy, Love and talents with all of your reality and forge a symphony of flavors, tastes, smells and thought-filled intentions.
In this environment, you are a full participant in the evolving of Mother Earth, this solar system, this galaxy and even of all Creation.
You walk, talk and breathe this in each moment of the day.
You feel both at one with the world as well as with yourself. Your inner desire within is to help and to contribute to the general welfare of all !

Full consciousness allows you to do three major things.
First, you have direct access to those who, at all levels of creation, can aid in interpreting and applying your vast abilities.
Second, you understand each other in ways that at present you cannot.
Using these talents, it becomes possible to discover your past and future lives and how they connect to who you are now.
The mysteries that now confound you about who you are disappear. You easily see the life links that make you, “You”.
Third, you use these paths of knowledge to develop a society that greatly benefits your world, your family and you.
So, as the many sensations that make up this reality merge with you, you feel both at ease and in Joy at what the Creator and you have chosen to accomplish in your lifetime.

All my love!
Selamat Ja!
Sheldan Nidle

おわりに――永遠のはじまり！

皆さんが、これまでに閉じ込められていた「四次元」の宇宙、銀河、地球は、「根源の光の大天使ルシフェル」と「太陽神」を騙る存在（アセンション妨害勢力）によって統治されていました。

しかし、各界のアセンション・ライトワーカーの愛と光の成果により、それらの根本が消滅しました！

そして、根源神界から、真の宇宙神、地球神、そして太陽神が到着しています！

真の『岩戸開き』とは、皆さん一人ひとりと全体の「中心」から起こるのです！

さて、皆さん、いかがでしたでしょうか?!

この本の原稿を、ここの宇宙の宇宙神と地球神のポータルである「謎の国家風水師N」先生が「見てやる」とおっしゃるので観ていただいたところ、内容等の校正は一切なく、

「とてもいい！　日本語が読めない人にも伝わるくらいエネルギーが出ている！」とおっしゃっていただけました！　そして本書の表紙の日本と日の丸の中心に「地球」を入れてほしいと。

そして、この「二〇一二アセンション・プロジェクト」は、二〇一二年まで続く、と！

さらにN先生によると、この高次と地上の企画は、大きく分けると三つ、三段階のものとなり、今回の企画は、その第一弾であるとのことです！

おわりのおわりとは、〝永遠のはじまり〟なのです……！

――永遠・無限のアセンションへ向かって――

「汝自身を知れ」

ギリシャのデルフィーの太陽神アポロン神殿の入り口に刻まれているこの言葉は、まさに「アセンションという宇宙神殿」の門です！

（＊超古代より、真の神殿の目的はすべて同じです！）

この言葉は、普遍であり、アセンディッド・マスター方とマスター・イエスから、巻末に皆さんへ贈る言葉です！

（＊超古代のマスター、ヘルメス・トリスメギストス（トス）と、ヘルメス神、そしてマスター・イエスは同じ本体（コーザル体）の系譜であると、古来より、高次のアセンション・アカデミーでは伝えられています。太陽神の分身、ということですね！）

この本の最後に、今回この企画を進めてくださり、コ・クリエーションしてくださった、謎の国家風水師N先生、そして一なる至高の根源神界、スピリチュアル・ハイラーキーほか全高次の天界、メンバーの皆さん、そして読者の皆さんとそのハイアーセルフに、心からの愛と光と感謝をお贈りいたします！

地上と高次のNMC、アセンション超宇宙でお会いするのを、一同、楽しみにしています！

一なる至高の根源の愛と光とともに
皇紀二六六九年九月九日
メイン・ファシリテーターAi

謝辞

新（真・神）宇宙への「アセンション・スターゲイト」となるこの第一弾の本、『天の岩戸開き』をこのたび刊行することができましたのは、根源神界と、ここの宇宙・地球のポータルである「謎の国家風水師N氏」の計画と御力によるものです。

そして明窓出版の麻生編集長は、内容を全く変えることなくページ数を減らすという大変素晴らしい編集をしていただき、さらに日本神界の繊細な五十鈴の波動が増しました！（とても尊敬いたします）

まずはこのお二方、そして中今とこれから、地球と宇宙のアセンション・コ・クリエーションをしていただく読者の皆様に、我々は宇宙のヤタガラスの一門でもあるものとして、心からの御礼を申し上げます！

―スピリチュアル・ハイラーキー及び宇宙連合（ハイアーセルフ連合）からの最新メッセージ―

『アセンションとは、永遠・無限の歓喜！』

本書を最後まですべてコ・クリーエションしてくださった読者の皆様は、すでに大体おわかりと思いますが、アセンションとは、『永遠・無限の歓喜』です！

シンプルに観ますと、宇宙には、たった二つのエネルギーしかありません。

それは、『統合』と『分離』です。

アセンションとは、あらゆるレベルにおける『統合』です！

皆さんに気をつけていただきたいこと、気づいていただきたいことは、地球史におけるこれまでの問題のすべてが、「分離」（のゲーム）に集約されている、ということです。

そしてアセンションへの妨害勢力（観方によっては、我々にとってのチャレンジのチャンスでもあります！）は、皆さんが想像し得るよりも、遥かに巧妙です。一見、とてももっともらしい内容と手段を用います。

しかしそれらを、自己のトップ＆コアの意識で見分ける方法は、とてもシンプルです。

それは前述のように、（あらゆるレベルの）『統合』を目的としているか、『分離』を目的としているかです！

（＊そして部分的な統合や、一部のグループのためのものではなく、全地球、全宇宙の進化発展と幸福を、真に願っているかどうかが重要なポイントです！）

それらの分離勢力は、地上のチャネラーが気づかなくても、その意識に侵入してきます。

ですから、スピリチュアル・ハイラーキーやハイアーセルフ連合等をはじめとする、全宇宙の高次との正式なネットワークがとても重要であり、そして「フルコンシャス」が必要なのです！

分離勢力がよく使う手段の一つは、巧妙な方法で、アセンションそのものや、神聖なる自己の本体である、高次との統合を否定することです。

アセンションとは、宇宙の大いなるすべてとの一体化であり、一なる根源（Oneness）へ向かうことです。

そして自己の宇宙史のすべての成果を携え、大きく成長して、究極の故郷（神界）への歓喜の帰還なのですが、それらを、「個性を無くすものである」等と表現したりします。

しかし現実は真逆！　アセンションとは『統合』です。これまでの自分も、もちろん自分ですし（＊ただし自分でもう不要であると選択したものを除いて！〈笑〉）、さらに豊かな自分と資源を統合していくのがアセンションなのです！　究極的には、自分も自分、宇宙全体の豊かさも自分、となるのです！

そして地球の比較文明論のように、グローバリズム＝統合が進むほど、ますますローカリズム＝個性が重要となっていきます！　すなわち、「宇宙の中での自己とハイアーセルフの役割が、明確かつ重要となってくる」ということなのです！

たくさんのアセンション・ライトワーカーたちが本書に寄稿してくださった内容のように、ひとたび内なるアセンションの扉＝スターゲイトを開いた人は、それらについて明確に体験し、知っています！

アセンションとは、より「自由」になること！　より「幸福」になること！

より「豊か」になること、そのものなのです！

さあ、皆さんも、本書を熟読して、今こそ自己の内なる『アセンションの扉』＝スターゲイトを開き、ぜひそれを体験してください！

そして『今』がその時なのです！

真のマスターになるほど、人としての人生の意味を謳歌し、同時に無限の世界も生きていく……！

皆さんがよくご存じの例で言うと、マスター・イエス、そして「謎の国家風水師N氏」などもそうなのです！

真のマスターは、もう皆さん一人ひとりのすぐ近くまで来ています！

そしてアセンションの究極のガイドとは、皆さん一人ひとりの内なるトップ＆コアである、ハイアーセルフなのです。

皇紀二六七〇年三月一七日

根源神界　スピリチュアル・ハイラーキー
宇宙連合　ハイアーセルフ連合
アセンション・ファシリテーター　Ａｉ　記

推薦図書

ここの宇宙の宇宙神と、地球神と、そのポータルである「謎の国家風水師N氏」より、本書の企画は次にご紹介する三冊の本の『共時性による続編である』、と伝えられました！

「中今・最新である本書の意味と目的（とその効果、活用）のためには、併せてこの三冊の本がとても重要ですから、ぜひお読みください！」と。そして、その上でもう一度本書を読んでいただけますと、より理解が深まることでしょう。（宇宙とアセンションの様々な秘密、そして奥の院が観えてくるかもしれません！）

どうぞ、何回も何回も熟読してください。

日月地神示　白峰著（明窓出版）

続２０１２年地球人類進化論　白峰著（明窓出版）

超予測２０１２　地球一切を救うヴィジョン　白峰著（徳間書店）

◎ 著者プロフィール ◎

アセンション・ファシリテーター　Ai（アイ）

現在のメインのハイアーセルフはＮＭＣ評議会メンバー。

メインの神界は根源天照皇太神界。


レムリア、アトランティス、日本の神話時代、宇宙界・天界などの分身はいるが、本体と各ハイアーセルフ統合のポータルとして、地上に来たのは今回が初めて。

(始まりで終わり。今回の最終アセンションにおいては皆さん同様です！)

今生は、7歳の時に宇宙連合、10代後半にスピリチュアル・ハイラーキーとコンタクト。20代前半より、高次のアセンション・スクール、日本神界、宇宙連合等とともに、今回のミッションのために学ぶ。

2003年ウエサク祭in Tokyo 総合司会、実行委員。

2004年ウエサク祭in Japan 総合司会、実行委員。


根源神界、聖母庁、大天使界、アインソフ、スピリチュアル・ハイラーキー、宇宙連合、銀河連合、太陽系連合、インナーアース連合等、すべての高次とつながっている。(※現在、高次になるほどワンネスとなっている！)

最も共に働くことが多い神界は、根源天照皇太神界、根源母元（もとつ）神界、宇宙神、地球神、等々。アセンディッド・マスターでは、ロード・キリスト・サナンダ、マスター・エル・モリヤ、サナート・クマラ、等々。宇宙連合とのつながりも強い。

地球環境技術エンジニアでもある。


ＮＭＣＡＡ（新マクロ宇宙・アセンション・アカデミー）本部、メイン・ファシリテーター。
◎本のご感想、ＮＭＣＡＡ本部へのお問い合わせ等は、下記のホームページをご覧の上、Ｅメールをお送りください。
NMCAA　本部公式ホームページ　http://nmcaa.jp

◎パソコンをお持ちでない方は、下記へ資料請求のお葉書を御送りください。
〒６６３－８７９９
日本郵便　西宮東支店留　ＮＭＣＡＡ本部事務局宛

Lotus（ロータス）

30代の初めに宇宙のメインの本体（ハイアーセルフ）のウォーク・イン（フルコンシャスにおける一体化）を体験し、その後、本格的なアセンションが始まる。維新の志士などの分身(過去生)がある。

主な過去生では、Ai先生の(ハイアーの分身の)息子であった。


主なハイアーセルフ・ネットワークは、ＮＭＣ(ロータス)神界、宇宙弥勒神界、アセンディッド・マスター・エル・モリヤ、ロード・キリスト・サナンダ、銀河連合など。

メインの神界は天邇岐志国邇岐志天津日高日子番能邇邇芸命（ニニギ）神界。

NMCAA本部、事務局長。


ナノテクノロジーの科学者でもある。

(将来は宇宙船を建造し、操縦したい！)

Lotus　ホームページ
http://nmcaa.jp/lotus/

NMCAA　本部公式ブログ　http://blog-nmcaa.jp
NMCAA　本部公式ツイッター　http://twitter.com/nmcaa

— 御神歌 —

神年（二）

神年 光の如く
日戸満ち満ちて
神代来たらん

天照皇太神

＊口語訳
遥かなる神代より悠久の時をかけて日月地に神霊が光臨し、天孫が光臨してきた。

今こそ人は日月地最大最高の神殿となり、日戸となり、神人となって、神界に還る時がきた！！！

天《あま》の岩戸《いわと》開《びら》き
アセンション・スターゲイト

アセンション・ファシリテーター　Ａｉ《アイ》著

明窓出版

平成二十二年六月二十日初　刷発行
平成二十三年六月二十日第二刷発行

発行者——増本　利博
発行所——明窓出版株式会社
〒一六四—〇〇一二
東京都中野区本町六—二七—一三
電話　(〇三) 三三八〇—八三〇三
FAX　(〇三) 三三八〇—六四二四
振替　〇〇一六〇—一—一九二七六六

印刷所——シナノ印刷株式会社

落丁・乱丁はお取り替えいたします。
定価はカバーに表示してあります。

ISBN978-4-89634-264-2
ホームページ http://meisou.com

光のラブソング

メアリー・スパローダンサー著／藤田なほみ訳

現実《ここ》と夢《向こう》はすでに別世界ではない。
インディアンや「存在」との奇跡的遭遇、そして、9.11事件にも関わるアセンションへのカギとは？

　我々が目にし、音にも聞こえるこの物質世界、それを三次元的世界と定義する。そこには同時に別次元の世界が存在している。また、過去・現在・未来はこの瞬間にも同時に存在している。この状態を平行宇宙（パラレル・ワールド）と言う。著者のメアリーはこの三次元世界に生活しながら、別次元とこの世を往復している。その間、ある何者かに案内されて、人間とは何か、宇宙とは何かを学ばせられた……。
●もしあなたが自分の現実に対する認識にちょっとばかり揺さぶりをかけ、新しく美しい可能性に心を開く準備ができているなら、本書がまさにそうしてくれるだろう！（キャリア・ミリタリー・レビューアー）
●「ラブ・ソング」はそのパワーと詩のような語り口、地球とその生きとし生けるもの全てを癒すための青写真で読者を驚かせるでしょう。生命、愛、そして精神的理解に興味がある人にとって、これは是非読むべき本です。（ルイーズ・ライト：教育学博士、ニューエイジ・ジャーナルの元編集主幹）

定価2310円

イルカとETと天使たち

ティモシー・ワイリー著／鈴木美保子訳

「奇跡のコンタクト」の全記録。未知なるものとの遭遇により得られた、数々の啓示《アドバイス》、ベスト・アンサーがここに。

「とても古い宇宙の中の、とても新しい星―地球―。大宇宙で孤立し、
隔離されてきたこの長く暗い時代は今、終焉を迎えようとしている。
より精妙な次元において起こっている和解が、今僕らのところへも浸透してきているようだ」
本書の展開で明らかになるように、イルカの知性への探求は、また別の道をも開くことになった。その全てが、知恵の後ろ盾と心のはたらきのもとにある。また、より高次における、魂の合一性（ワンネス）を示してくれている。まずは明らかな核爆弾の威力から、また大きく広がっている生態系への懸念から、僕らはやっとグローバルな意識を持つようになり、そしてそれは結局、僕らみんなの問題なのだと実感している。

定価1890円